Copyright © 2015 José Luiz Bueno
Copyright desta edição © 2015 É Realizações

Editor
Edson Manoel de Oliveira Filho

Curador
Jorge Feffer

Coordenador da Biblioteca Crítica Social
Luiz Felipe Pondé

Produção editorial
É Realizações Editora

Capa
Foca Cruz

Projeto gráfico
Douglas Kenji Watanabe

Preparação de texto
Clarice Lima

Revisão
Geisa Mathias de Oliveira

Reservados todos os direitos desta obra. Proibida toda e qualquer reprodução desta edição por qualquer meio ou forma, seja ela eletrônica ou mecânica, fotocópia, gravação ou qualquer outro meio de reprodução, sem permissão expressa do editor.

CIP-Brasil. Catalogação na Publicação
Sindicato Nacional dos Editores de Livros, RJ

B942g
    Bueno, José Luiz
    Gertrude Himmelfarb : modernidade, iluminismo e as virtudes sociais / José Luiz Bueno ; prefácio Luiz Felipe Pondé ; [curadoria Jorge Feffer]. - 1. ed. - São Paulo : É Realizações, 2015.
112 p. ; 21 cm.   (Biblioteca Crítica Social)

    ISBN 978-85-8033-222-3

    1. Himmelfarb, Gertrude, 1922 -- Crítica e interpretação. 2. Iluminismo - Grã-Bretanha. 3. Iluminismo - França. 4. Iluminismo - Estados Unidos. 5. Filosofia moderna - Séc. XVIII. 6. Grã-Bretanha - Vida intelectual - Séc. XVIII. 7. França - Vida intelectual - Séc. XVIII. 8. Estados Unidos - Vida intelectual - Séc. XVIII. I. Pondé, Luiz Felipe, 1959-. II. Feffer, Jorge. III. Título. IV. Série.

15-27389   CDD: 190
                                                                  CDU:1(4/9)

19/10/2015   19/10/2015

É Realizações Editora, Livraria e Distribuidora Ltda.
Rua França Pinto, 498 · São Paulo SP · 04016-002
Caixa Postal: 45321 · 04010-970 · Telefax: (5511) 5572 5363
atendimento@erealizacoes.com.br · http://www.erealizacoes.com.br

Este livro foi impresso pela Intergraf Indústria Gráfica em outubro de 2015. Os tipos são da família Adobe Garamond Pro e Avenir LT Std. O papel do miolo é o pólen soft 80g, e o da capa cartão supremo 250g.

José Luiz Bueno

GERTRUDE HIMMELFARB
Modernidade, Iluminismo e as virtudes sociais

prefácio de Luiz Felipe Pondé

José Luiz Bueno

GERTRUDE HIMMELFARB

Modernidade, Iluminismo e as virtudes sociais

prefácio de Luiz Felipe Pondé

É Realizações
Editora

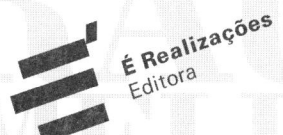

BIBLIOTECA CRÍTICA SOCIAL
Coordenador: Luiz Felipe Pondé

A ***Biblioteca Crítica Social*** que agora é lançada pela É Realizações é um marco para a construção de um pensamento livre de amarras ideológicas no Brasil. Abrindo este repertório, cinco autores essenciais, apresentados por especialistas, através de livros objetivos e eruditos. O psiquiatra Theodore Dalrymple, e sua fina crítica à destruição do caráter no mundo contemporâneo. Thomas Sowell, homem de letras, duro crítico da irrelevância e arrogância dos intelectuais. A historiadora da moral e da política Gertrude Himmelfarb, uma sofisticada analista das diferentes formas de iluminismo, algumas delas pouco conhecidas no Brasil. O filósofo da política Leo Strauss, pensador conservador e fundador de uma tradição que se opõe a autores mais conhecidos, como Rousseau e Marx. E, por último, mas nem por isso menos essencial, o filósofo e historiador do pensamento conservador, Russell Kirk, autor de uma delicada teia de reflexão que reúne política, crítica literária, moral e espiritualidade.

SUMÁRIO

Prefácio: Uma historiadora da moral 9
1. Notas biográficas 13
2. A produção intelectual de Himmelfarb – um panorama 21
   A moral vitoriana 22
   Temas contemporâneos 34
   Artigos e outras publicações 37
3. O contexto intelectual e cultural de
   Os Caminhos para a Modernidade 39
4. Um estudo do livro *Os Caminhos para a Modernidade* 59
   O Iluminismo britânico 63
   O Iluminismo francês como "Ideologia da Razão" 80
   O Iluminismo americano 84
   Três legados 87
5. Seleção de trechos e comentário 89
   O Iluminismo em seu devido lugar 89
   Razão 91
   Virtudes 94
   Religião 96
   Edmund Burke, um iluminista? 98
   Iluminismo e religião 100

Razão e ideologia 103
O Iluminismo americano 105
6. Sugestões de leitura 109

PREFÁCIO: UMA HISTORIADORA DA MORAL

Luiz Felipe Pondé

Como todos os demais autores que compõem a Biblioteca de Crítica Social, Gertrude Himmelfarb é uma voz dissonante para o universo intelectual e acadêmico em nosso país.

O livro de José Luiz Bueno cumpre a missão de introduzir a historiadora americana em nosso cânone acadêmico brasileiro. E para tal faz um levantamento e uma análise do que há de mais importante em sua produção intelectual.

Entre as muitas características importantes do livro de Bueno, duas delas são especialmente significativas.

A primeira é sua discussão introdutória, mas consistente, do lugar de Himmelfarb como especialista naquilo que podemos chamar de uma história moderna e contemporânea da moral. A historiadora americana discute, ao longo de sua obra, o lugar dessa disciplina um tanto esquecida, que é a moral na vida moderna e contemporânea – suplantada, indevidamente, por outros ramos da filosofia e das ciências humanas, como a política e a economia.

Bueno mostra de forma clara, seguindo Himmelfarb, como o uso das políticas de tradição marxista (que na história britânica, a partir do século XIX, se materializarão no conhecido trabalhismo inglês do partido "Labor") produzirá um desmantelamento da vida moral britânica baseada na noção de "virtude vitoriana". A partir do "vício trabalhista" de classificar a classe trabalhadora como vítima social, a vida dos pobres ingleses será transformada numa vida baseada na demanda de direitos e não no exercício das virtudes. Uma vez que a ideia de pobreza, tal como se refere Himmelfarb, deixa de ser fundamentada na busca de dignidade construída pelo esforço da classe trabalhadora britânica (o valor do *hard work*), o país se afasta da "virtude vitoriana" e segue na direção de uma vida política em vez de moral: o partido trabalhista se oferecerá como sustentáculo da vida dos mais pobres, transformando-os em vítimas sociais crônicas.

A ideia de pobreza passa a ser, assim, um elemento de desgaste da vida moral e um elemento de demanda por direitos sem os deveres constituintes do caráter.

Himmelfarb, na esteira de autores britânicos conhecidos, entre eles Michael Oakeshott (que o livro de Bueno traz como um dos intelectuais mais importantes que compõem a escola *liberal-conservative* da qual Himmelfarb faz parte), entende que antes da política vem a moral, tal como nos ensinaram filósofos britânicos anteriores, como Edmund Burke e Adam Smith, ambos do século XVIII. A preocupação com a vida moral (e não a política) como centro da vida social, herdada desses dois pais fundadores da escola *liberal-conservative*, percorre toda a obra de Himmelfarb.

O dano causado à classe trabalhadora pela "escolha histórica" da política de direitos, em lugar da moral das virtudes, fez dos pobres ingleses vítimas da vida e não agentes responsáveis pela própria sobrevivência, e a decorrente perda da dignidade construída pela autonomia de "buscar pagar as próprias contas". Vem daí, inclusive, os dados que Bueno nos traz, sempre seguindo Himmelfarb, de como a vida pela virtude elevou a condição social do Reino Unido entre a segunda metade do século XVIII e a segunda metade do século XIX.

Esse é o sentido de falarmos que Himmelfarb iluminou o processo em que a vida britânica passou a ser uma vida sem moral.

Nos EUA, essa destruição da virtude como centro da vida social e política se dará mais tardiamente, segundo a historiadora americana, pelo nascimento da contracultura – que também é um de seus objetos de estudo. Fenômeno da década de 1960, a contracultura terá nos EUA um efeito similar ao trabalhismo inglês no Reino Unido, na medida em que cultuará uma vida pautada pelo desejo puro e simples e pela negação do autocontrole típico da tradição calvinista fundadora dos Estados Unidos da América.

Ainda que Himmelfarb se dedique basicamente ao Reino Unido e aos Estados Unidos, sua análise não poderia ser mais essencial para entendermos um Brasil corroído pelas "políticas das vítimas sociais" dependentes do Estado, tal como temos vivido nos últimos anos. É a destruição da noção própria de caráter que se dá ao longo da transformação das pessoas em vítimas sociais. O Estado assistencialista corrói a vida moral, transformando homens e mulheres em crianças que só pedem, mas não dão nada.

A segunda característica importante a apontar aqui é a análise detida que Bueno faz da obra *Os Caminhos para a Modernidade*, de Himmelfarb.[1] Nessa obra, a historiadora americana mostra como existiram três tipos de Iluminismo, enquanto a maioria de nós pensa que o Iluminismo foi essencialmente francês, como o croissant. Para ela, o que marca o Iluminismo do século XVIII é a busca de uma análise racional da vida em detrimento de ferramentas como mitos, revelações religiosas ou metafísicas.

Os britânicos foram mestres no que ela chama de "sociologia das virtudes", ou seja, uma tentativa de entender como se constroem vidas pautadas pelo cuidado com a família e com os vínculos afetivos e sociais, sejam tais vidas dadas num contexto religioso ou secular. Já os franceses criaram uma "ideologia da razão", ou seja, uma vida reduzida

---

[1] Gertrude Himmelfarb, *Os Caminhos para a Modernidade*. Trad. Gabriel Ferreira da Silva. São Paulo, É Realizações, 2011.

ao elemento abstrato racional em detrimento de outras dimensões da vida concreta, como tradição, crenças religiosas, angústias morais ou econômicas. Os americanos, por sua vez, produziram uma sólida reflexão sobre as formas de produção de uma sociedade pautada por uma "política da liberdade".

Uma diferença que a historiadora aponta entre os franceses, de um lado, e os britânicos e americanos de outro, é aquilo que Lord Acton, pensador britânico do século XIX, entendia como a busca de um governo que não fosse um governo de ideias, mas de práticas. Enquanto os iluministas franceses apenas teorizavam sobre a vida social e política, seus colegas britânicos e americanos pensavam na prática, inclusive porque muitos deles exerciam atividades daquilo que hoje chamaríamos de gestão pública ou política. O resultado é que o iluminismo que falava inglês foi mais empírico e menos idealista.

Precisamos de menos teoria e mais empiria nas ciências humanas praticadas no Brasil, e o livro de Bueno sobre Himmelfarb é um convite a essa virada epistemológica.

1. NOTAS BIOGRÁFICAS

A escritora, historiadora, filósofa e professora norte-americana Gertrude Himmelfarb nasceu em Nova York, no bairro do Brooklin, em 8 de agosto de 1922, filha de Bertha e Max Himmelfarb. Em 1942, Gertrude Himmelfarb graduou-se na Brooklin College, uma faculdade da Universidade da Cidade de Nova York (CUNY), na qual estudou Filosofia e História. Durante esse mesmo período, Himmelfarb estudou história e literatura judaica no Jewish Theological Seminary of América [Seminário Teológico Judaico], um centro de estudos acadêmicos judaicos. No mesmo ano em que se graduou, 1942, casou-se com Irving Kristol, um comentarista político e editor, tendo, entretanto, mantido o nome de solteira, ao que parece, por razões profissionais. O casal teve dois filhos, Elizabeth Nelson e William Kristol.

A família mudou-se para Chicago, onde Himmelfarb iniciou o curso de pós-graduação. Em 1944, obteve o mestrado em História pela Universidade de Chicago, sob a orientação do historiador Louis Reichenthal Gottschalk, tendo o revolucionário francês Robespierre como objeto de sua dissertação. Durante esse período, seu marido esteve prestando serviço militar no Exército americano.

Em 1946, quando Kristol obteve a baixa do Exército, o casal se transferiu para a Inglaterra, pois Gertrude havia ganhado uma bolsa para pesquisa na Universidade de Cambridge. Ali ela deu continuidade às suas pesquisas para o doutorado, cuja dissertação foi dedicada ao Lord John Dalberg-Acton (1834-1902), o parlamentar, pensador político e historiador da era vitoriana que exercia um enorme fascínio sobre ela. Em 1950, ela defendeu o doutorado, na mesma Universidade de Chicago e ainda sob a orientação de Gottschalk. Sua tese foi publicada em 1952, sob o título *Lord Acton: A Study in Conscience and Politics* [Lord Acton: Um Estudo em Consciência e Política]. Os estudos sobre Lord Acton exerceram poderosa influência sobre o pensamento de Himmelfarb, que adquiriu grande interesse em discutir a conexão entre a perda das referências morais na estrutura do caráter individual contemporâneo e as grandes catástrofes no campo político que o século XX experimentou. A publicação de seu livro sobre Lord Acton estabeleceu sua reputação, tanto como uma reconhecida *scholar* [acadêmica, estudiosa], quanto como pensadora conservadora.

Desde seu doutoramento, Himmelfarb dedicou-se à investigação histórica, estudando conjuntamente temas que envolvem a moralidade e a política, produzindo inúmeros artigos e publicando uma expressiva quantidade de livros sobre esses temas.

Apesar de sua prolífica produção investigativa, dos prêmios que recebeu e mesmo dos títulos honoríficos de diversas e prestigiosas universidades que obteve, Himmelfarb permaneceu, por muito tempo, ao largo do mundo acadêmico no campo da história, tendo desenvolvido muito de sua pesquisa de forma independente. Mas, em 1965, quando ingressou no quadro acadêmico do Brooklin College, tudo isso mudou. Em 1978, passou a lecionar História na City University of New York. Em 1988, Himmelfarb aposentou-se e foi nomeada Professora Emérita do Graduate Center da City University of New York.

Não há livros ou artigos publicados internacionalmente que se dediquem apenas à sua biografia, ou a detalhar sua carreira acadêmica. Mesmo assim, Gertrude Himmelfarb tornou-se referência em sua área de pesquisa, além de se consagrar como o tipo de *scholar* com o qual não se pode evitar de dialogar ao estudar a época vitoriana e nas discussões no campo da política e das implicações derivadas das noções de moral e virtude no tempo presente. Sua influência internacional tornou-se notória quando o então primeiro-ministro do Reino Unido,

Gordon Brown (1951-) declarou sua admiração pelo pensamento da historiadora norte-americana, a tal ponto de ser ele a escrever a introdução da edição britânica de *Os Caminhos para a Modernidade*. Disse Brown, no parágrafo inicial da introdução:

> Já há muito tempo tenho admirado o trabalho de historiadora de Gertrude Himmelfarb, particularmente seu amor pela história das ideias, e seu trabalho permanece comigo desde quando eu era estudante de História na Universidade de Edinburgo.[1]

O conjunto da obra de Himmelfarb revela uma pensadora dedicada à reabilitação da noção de virtude como elemento fundamental para pensar a vida contemporânea em sociedade. Essa sua abordagem foi responsável por torná-la mundialmente conhecida como grande historiadora da Inglaterra vitoriana. Seu esforço para revisar os conceitos estabelecidos sobre esse período histórico e colocá-los sob uma perspectiva que pudesse demonstrá-los como aspectos positivos sobrepujaram àqueles que foram consolidados na percepção pública da época, no esforço de remover seus estereótipos, inevitavelmente posicionou Himmelfarb como grande crítica das posições de pós-modernistas, em particular no campo moral, mas também no debate sobre a noção de verdade vigente e que foi desmantelada e desconstruída pelos pensadores da pós-modernidade. Esse desmantelamento, que também teria ocorrido no campo moral, estaria relacionado ao abandono dos ideais e das virtudes cívicas que constituíram o período vitoriano.

Quando Himmelfarb compara as sociedades americana e britânica de seu tempo com a da era vitoriana, ela ressalta que faltam na contemporaneidade aquelas virtudes e ideias que fizeram da era vitoriana um período de grandes realizações sociais, como a redução da criminalidade, da pobreza, do analfabetismo, da bastardia, etc. Enfrentar os problemas contemporâneos nessas áreas dependeria, segundo a autora,

[1] Gordon Brown, *Introduction*. In: G. Himmelfarb, *The Roads to Modernity*. London, Vintage Books, 2008, p. ix.

de uma revalorização das virtudes sociais, o que incluiria a estigmatização de práticas sociais, como a bastardia e a redução da dependência pessoal aos sistemas de assistência pública baseada no reconhecimento da autonomia, independência e do mérito pessoal.

Como historiadora, Himmelfarb também foi bastante crítica quanto aos métodos de história social adotados pela academia em seu tempo, que ela identificava como produto de uma inclinação acadêmica ao pensamento esquerdista, que viria acompanhado pelo relativismo moral, pelo desinteresse e pela rejeição ao reconhecimento das grandes transformações no campo político ocorridas no passado, e que tiveram, assim, um efeito deletério sobre a disciplina de história. Suas críticas foram dirigidas, por exemplo, ao determinismo marxista, que seria uma forma de história sem narrativa. Também criticou o multiculturalismo, que seria uma forma de eliminar o sentido da história e torná-la indiferente ao drama humano das pessoas que a viveram, negando-lhes, assim, a própria humanidade.

Como se poderá observar, a trajetória intelectual de Gertrude Himmelfarb se entrelaça com a de seu marido, Irving Kristol, considerado o principal responsável pelo surgimento do chamado neoconservadorismo político nos Estados Unidos.

Mas ambos, e especialmente Kristol, iniciaram sua trajetória de pensamento político dentro das fileiras da esquerda, tendo como referência ideológica o trotskismo. Juntamente com vários outros estudantes, sendo muitos deles de ascendência judaica, como Daniel Bell (1919-2011), Nathan Glazer (1923-) e Seymour Martin Lipset (1922-2006), Kristol e Himmelfarb participaram da Young People's Socialist League [Liga Popular da Juventude Socialista], o braço oficial de juventude do Partido Socialista nos EUA, que agregava os simpatizantes do pensamento de Trotski, o qual se posicionava contrário à vertente stalinista do partido, que assumira o comando da Revolução Russa.

Em seu estudo sobre a participação da intelectualidade judaica na conformação das políticas públicas nos Estados Unidos, o historiador e ativista Murray Friedman[2] sugere que o exame das condições socioeconômicas de muitos descendentes de imigrantes judeus, marcadas por pobreza e exclusão no período pós-Grande Depressão, ajuda a entender, em parte, essa adesão ao pensamento marxista-leninista. Outro ponto de interesse é que esse grupo de jovens pensadores se concentrava na City College of New York, uma espécie de reduto da juventude marxista em Nova York, conhecida na época como "a Harvard do Proletariado". Para esse grupo de jovens pensadores, o marxismo significava certo senso de pertencimento e a experiência concretizada na União Soviética, que em seus pronunciamentos oficiais tornava proscrito o antissemitismo e toda forma de discriminação, dando a eles a esperança de novas perspectivas para pensar as condições sociais em que viviam. Contudo, quando as informações sobre os crimes do regime stalinista passaram a ser expostas pelos meios de comunicação e, mesmo, a partir da experiência da guerra, em que vários deles serviram como soldados (como foi o caso de Kristol), muitos se distanciaram do marxismo e passaram a abrigar novas possibilidades intelectuais para entender o mundo de seu tempo e a própria condição judaica. Esse movimento de distanciamento e exploração de novas possibilidades está na base do surgimento daquilo que, mais tarde, foi chamado (pelos críticos e não pelos autores) de pensamento neoconservador. O mesmo Irving Kristol afirma em vários de seus textos que o neoconservadorismo não foi propriamente uma criação, pois não se trata de uma doutrina estática, mas, como ele defende no artigo "The Neoconservative Persuasion" [A Persuasão Neoconservadora], publicado na revista *The Weekly Standard* em 25 de agosto de 2003, o neoconservadorismo é uma forma de persuasão (em tradução literal do inglês), isto é, uma visão que se vai construindo com o tempo e cujo significado só pode ser propriamente percebido em forma retrospectiva. Irving Kristol admite que o termo lhe foi aplicado por seus críticos e que,

---

[2] Murray Friedman, *The Neoconservative Revolution. Jewish Intellectuals and the Shaping of Public Policy*. New York, Cambridge University Press, 2005.

no entanto, o assumiu positivamente, de forma até mesmo elogiosa, e que ele é considerado o padrinho dessa visão política que ganhou muita força nos Estados Unidos a partir dos anos 1970. É de Kristol a famosa afirmação de que um conservador é um liberal que foi assaltado pela realidade.

Enquanto Kristol adotou uma postura mais ativa no debate público sobre as alternativas ao liberalismo e ao marxismo, escrevendo em diversos veículos, criando publicações e editando outras e tornando-se a principal voz do que viria a constituir o neoconservadorismo, Himmelfarb se descreve como uma mãe que trabalhava e que, enquanto mantinha o interesse pela pesquisa acadêmica, dividia o tempo com as tarefas e a responsabilidade de cuidar dos dois filhos do casal.

Himmelfarb tinha muito clara a diferença de estilo entre ela e seu marido, que adotava uma expressão mais franca, direta e assertiva; ela, por sua vez, se descrevia como alguém que ia experimentando com o pensamento. Desde as suas primeiras publicações na revista *Commentary Magazine*, veículo no qual se podia publicar temas produzidos também a partir da perspectiva judaica americana, ganhou notoriedade como alguém que coloca a capacidade intelectual na defesa de um pensamento que se opõe frontalmente ao movimento de contracultura e ao desmonte dos valores que teriam estruturado a sociedade americana. E desde aí se vê a importância que alguns pensadores de sua época tiveram para a estruturação de seu pensamento e do de Kristol, como foi o caso de Lionel Trilling (1905-1975), o importante crítico literário que se tornou amigo do casal; do conservador inglês Michael Oakeshott (1901-1990), com o qual mantiveram contato na academia e pessoalmente quando o casal viveu na Inglaterra; e o de Leo Strauss (1899-1973), o importante filósofo judeu alemão dedicado à filosofia política, que emigrou para os Estados Unidos para fugir do regime nazista e que lecionava na Universidade de Chicago.

Pode-se perceber que a trajetória intelectual de Himmelfarb se constrói na forma de um diálogo crítico com as características que a sociedade americana vai adquirindo no correr do século XX. O pensamento conservador vai fazendo cada vez mais sentido para Himmelfarb, bem como para seu marido. Os estudos sobre Lord Acton chamaram a atenção de Himmelfarb para a relação entre as virtudes sociais e a liberdade, de tal forma que a autora voltou-se, de maneira muito decidida, ao estudo do período vitoriano da história britânica para entender como esses valores também moldaram as bases da sociedade americana. A virtude passou a fazer muito mais sentido para a autora, que percebeu na noção corrente de valores uma perspectiva moral relativista que estava na base da dissolução daquilo que teria constituído, no seu entender, os traços característicos da cultura americana. O período pós-guerra apresentou-lhe um novo olhar sobre o liberalismo proposto pelos pensadores da esquerda e que, para ela, passou a indicar uma falsa liberdade, pois, na verdade, baseava-se cada vez mais na dependência do Estado. O *welfare State* [Estado assistencial] estaria gerando, no século XX, algo que o período vitoriano enfrentara de forma muito mais eficaz, no sentido de estimular e induzir os indivíduos a conquistar independência e autonomia, em vez de apoiar sua vida na oferta de assistência estatal, que, ao fim, produzia sua dependência em relação ao Estado. A valorização das virtudes vitorianas aparecerá em discursos da então primeira-ministra da Grã-Bretanha, Margaret Thatcher, que relacionaria as virtudes vitorianas aos períodos de maior riqueza e poder da Grã-Bretanha. Himmelfarb escreveu artigos a respeito de Thatcher, admirando-se de que a primeira-ministra, tendo conseguido resultados econômicos expressivos em seus dois primeiros mandatos, quisesse, no terceiro, enraizar essas realizações em princípios morais, que seriam os únicos capazes de sustentar aquilo de positivo que a sociedade britânica havia produzido.

A mesma perspectiva se apresentava na sua crítica à contracultura dos anos 1960 e na atitude de dissolução da estrutura moral, estética e política, afirmando um relativismo moral e epistemológico que estaria provocando a degeneração dos laços sociais e que poderia significar a derrocada da sociedade e da economia americanas. Sua crítica à noção pós-moderna de história se insere nessa mesma perspectiva. A partir daí, seus estudos sobre a sociedade vitoriana, a pobreza, a benevolência como virtude social e outros temas como esses ocuparam sua reflexão por muitos anos, gerando grande quantidade de artigos em publicações acadêmicas, bem como nos periódicos dedicados à discussão de temas filosóficos, políticos e mesmo naqueles, como o *Commentary Magazine*, que abriam espaço à perspectiva judaica de abordagem das questões nacionais e internacionais. Himmelfarb recusou o que considerava a usurpação da moralidade pelo socialismo e sua afirmação de um monopólio da justiça social e da compaixão no plano social. As sociedades americana e britânica, pensava ela, seriam muito mais beneficiadas se retomassem as próprias perspectivas e raízes morais, assegurando, assim, tanto o fortalecimento dos laços sociais como suas economias. Himmelfarb seria uma grande defensora da reinserção desses valores (ela preferia "virtudes") vitorianos na política e na vida pública americana, como a autossuficiência, o pudor e a responsabilidade, entre outros, como o caminho mais seguro e adequado à nação.

O profundo conhecimento da sociedade vitoriana, aliado à perspectiva conservadora de pensamento, fizeram de Himmelfarb uma intelectual de uma respeitabilidade que até hoje se mantém. Mesmo depois de se aposentar do cargo de professora na City University of New York, foi alçada à posição de Professora Emérita e nem mesmo a morte de seu marido, Irving Kristol, em setembro de 2009, foi capaz de afetar seu vigor intelectual, sua atitude de pensadora autônoma, de intérprete e crítica da contemporaneidade, como se pode comprovar pela diversidade de temas por ela abordados, bem como pelos artigos em jornais e revistas de grande circulação e pelos livros escritos e editados mais recentemente.

2. A PRODUÇÃO INTELECTUAL DE HIMMELFARB – UM PANORAMA

A produção intelectual de Gertrude Himmelfarb explora temas da política, da moralidade e da história, tendo sido publicada em livros, artigos em publicações acadêmicas, em jornais de grande circulação ou mesmo em jornais dedicados a temas especializados. Além dos próprios livros, Himmelfarb editou várias obras e escreveu textos introdutórios para diversos autores.

Neste capítulo, pretendemos fazer uma breve apresentação de algumas das obras de Himmelfarb, dando preferência àquelas que representam as suas áreas de maior interesse, e também que a estabeleceram como referência acadêmica e intelectual, não apenas nos EUA, mas também na Europa e em outras regiões do mundo.

Podemos organizar as obras que serão abordadas aqui em três grupos temáticos. No primeiro deles, os livros dedicados aos estudos da moral vitoriana, que constitui o núcleo mais importante do pensamento de Himmelfarb, a partir do qual várias obras foram escritas. No segundo, trataremos dos temas contemporâneos que abordam a cultura, a política, a literatura e o judaísmo. No terceiro, as demais publicações na forma de artigos acadêmicos.

A MORAL VITORIANA

Lord Acton: Um Estudo em Consciência e Política[1]

O primeiro livro de Himmelfarb foi produto de seu doutorado, feito sob orientação do historiador Louis R. Gottschalk (1899-1975), da Universidade de Chicago. Seu projeto se ateve à vida e, principalmente, às ideias de Lord Acton, o nobre católico e liberal inglês que viveu no século XIX (1834-1902). Himmelfarb diz, na introdução do livro, que este trata "não tanto da biografia de uma vida, mas muito mais da de uma mente". Himmelfarb afirma que, desde a Primeira Guerra Mundial, o pensamento de Acton foi relegado ao segundo plano no interesse intelectual e moral da Europa. As características que o tornavam um pensador moral, pessimista e de profundas convicções religiosas não serviam ao interesse de uma sociedade voltada ao materialismo e a um amplo otimismo. Segundo a autora, a experiência da Segunda Guerra Mundial – com todas as formas de atrocidades que ela produzira, pelo "nazismo alemão e pelo comunismo soviético" –, teria trazido de volta o sentimento de pessimismo, bem como o desencanto com o materialismo, o que faria de Lord Acton um pensador de muito valor para os novos tempos. Os pensadores liberais que teriam se tornado céticos com relação às virtudes de um liberalismo secular e otimista descobriram em Lord Acton um liberalismo de temperamento religioso que era capaz de lidar com a condição humana marcada pelo pecado e pela corrupção. Historiadores que acreditavam que a salvação da humanidade seria o produto necessário de seu progresso histórico descobriram, com Lord Acton, que tal salvação exigiria um grande exercício de vontade moral, e que, para tanto, o historiador deveria "virar as costas para o curso da história e resistir à 'onda do futuro'".

Nesse trabalho, Himmelfarb procura revisar as interpretações do pensamento de Lord Acton que ela considerava inadequadas, especialmente aquelas em que ela se apoiou para tentar construir uma obra

---

[1] *Lord Acton – A Study in Conscience and Politics*. Chicago, University of Chicago Press, 1952.

sistemática a partir do legado dele. Respeitado por sua vasta cultura, Lord Acton tinha na incapacidade de produzir uma obra completa sua deficiência, tendo deixado poucos escritos acabados. Mas sua trajetória como pensador da liberdade e como liberal católico que, no I Concílio Vaticano (1870), representou a voz da Grã-Bretanha contra a tese da infalibilidade papal, além de aspectos que não foram conciliados no pensamento do autor, mostram que Himmelfarb não se furtou a essas contradições e resistiu à tentação de reduzir o pensamento de Lord Acton a algum sistema coerente e resolvido no fim de sua vida. As contradições internas do pensamento de Lord Acton constituiriam sua riqueza e sua peculiaridade. O pessimismo de Lord Acton não teria conduzido a admitir ou acreditar em alguma forma benevolente de despotismo. Em vez disso, Lord Acton teria acreditado e defendido a liberdade até o fim, em especial a liberdade individual do animal pecador que é o ser humano, por mais desconfortável que esse pensamento pudesse se mostrar. Lord Acton ficou conhecido por seu aforismo, incessantemente citado: "O poder corrompe; o poder absoluto corrompe absolutamente".

O estudo da vida de Lord Acton teria colocado de vez o pensamento de Himmelfarb em contato com a era vitoriana da Grã-Bretanha. O significado desse período, suas realizações, suas lições para o presente e a necessidade de corrigir as interpretações incorretas e os preconceitos contrários a ele ocupariam o pensamento de Himmelfarb a partir de então, fazendo da historiadora uma das maiores conhecedoras do tema, e que fosse reconhecida mundialmente por seus pares acadêmicos e por seus leitores.

Darwin e a Revolução Darwiniana[2]

Nesse livro, Himmelfarb aborda não apenas a vida e a obra de Charles Darwin (1809–1882), mas também a revolução científica

---

[2] *Darwin and the Darwinian Revolution*. New York, Doubleday, 1959.

que ocorreu no século XIX. Himmelfarb se propõe fazer uma revisão daquilo que se consolidou como a biografia de Darwin, bem como avaliar o que se considera a contribuição dele. De certa forma, Himmelfarb argumenta que Darwin *concluiu* um processo de revolução científica, em vez de tê-lo iniciado, como se supõe correntemente. A autora mostra como certas ideias já eram razoavelmente aceitas no tempo de Darwin, como a da evolução das espécies, a qual era distinta do que viria a ser a teoria da seleção natural. Também a ideia da mutabilidade das espécies já era considerada. E assim, cuidadosa e eruditamente, Himmelfarb detalha e documenta esses e outros estudos de Darwin, sem incorrer na diminuição de seu gênio, mas para colocar o autor em outra perspectiva. Assim, para ela, Darwin não iniciou a era de dúvida teológica sobre a fé. Essa dúvida sobre a religião era uma característica de seu tempo, e já havia sido produzida por seus antecessores, cientistas pré-darwinianos. Entretanto, para Himmelfarb, a obra dele causou, sim, a ruptura com as ideias teológicas vigentes sobre a origem do homem, as quais eram sentidas e pressentidas, mas que, naquele momento, foram expressas e, mais do que isso, legitimadas por Darwin. O livro de Himmelfarb, segundo alguns críticos, teria seu ponto fraco na discussão teórica da obra de Darwin, pois a autora não dominaria a vasta quantidade de evidências biológicas que refutaria os antecessores do cientista. Deve-se ter em conta, portanto, que a perspectiva da autora, no livro, era considerar a revolução de Darwin dentro do contexto da era vitoriana.

Mentes Vitorianas[3]

Neste, que alguns críticos consideram o livro mais importante de Himmelfarb (critério, claro, sujeito a discussão), a autora retoma o tema que lhe é tão caro. A época em que Himmelfarb publicou o livro indica tanto a motivação da pesquisa, como a da própria publicação.

---

[3] *Victorian Minds.* New York, Knopf, 1968.

A obra em si não foi de fato escrita como livro, tendo sido elaborada com a reunião de diversos artigos anteriormente redigidos pela autora, e por alguns capítulos escritos especificamente para ela. Se o livro não apresenta uma unidade de método de abordagem ou de estilo, o tema que recorre é exatamente aquele pretendido pela autora: a revisão e a correção necessárias dos conceitos vigentes sobre o período vitoriano da Inglaterra e sua consequente revalorização, não apenas no sentido de uma forma de reabilitação histórica, mas como um período que teria muito a contribuir para a autocrítica do tempo presente.

A intenção de sua publicação é colocar em questão o momento histórico vivido nos Estados Unidos, conectado com o momento do contexto ocidental. O contexto referido é o da contracultura, da dissolução definitiva dos padrões morais que ainda sobreviviam na primeira metade do século XX, da preeminência de uma mentalidade marcada pela noção de desconstrução. A década de 1960 poderia ser vista como uma forma de exacerbação do projeto racionalista e liberal dos séculos XVIII e XIX, e como materialização na sociedade do projeto da "democracia socialista" (as aspas justificam-se pelo descrédito devotado por Himmelfarb a tal conceito e sua aplicação prática a nível internacional).

O livro dedica-se a revisar o conceito vigente sobre o período vitoriano, procurando mostrar que ele não teria sido, como muitos historiadores erroneamente entenderam e propagaram, um período de unidade mental ou de uma moralidade social monolítica incapaz de ver além dos próprios conceitos. Os autores enfocados por Himmelfarb são aqueles que teriam representado o espírito da época, que foi de alta tensão moral e espiritual e marcada pelas dificuldades impostas pelos antagonismos morais produzidos em seu tempo. Entre eles, a convivência com os princípios religiosos em um mundo cada vez mais crítico da religião, a presença da ciência e as questões e ambiguidades morais daí derivadas, o conflito entre liberalismo e conservadorismo e as transformações impostas a ambos, e assim por diante. Tais autores nem sempre representaram o que Himmelfarb entende por "virtudes vitorianas", mas demonstraram como se reagiu a elas que, seja como for, são representantes e produtos de uma época. O final do século XVIII, o século XIX e o início do século XX compõem o período investigado por Himmelfarb, quando se assistiu o surgimento de pensadores como Edmund Burke (1729-1797), Jeremy Bentham (1748-1832), Thomas Malthus (1766-1834), John Stuart Mill (1806-1873), Lord Acton e mesmo Charles Darwin, entre outros analisados pela autora. O trabalho de cada um deu margem a reflexão e a novos fundamentos e, com eles, diversas consequências no âmbito da Inglaterra que, em alguns casos, significaram a explicitação dos desafios morais e, em outros, o enfrentamento desses desafios. E não se pode perder de vista que Himmelfarb considera o metodismo de John Wesley (1703-1791), do século XVIII, mais do que qualquer outro governante, legislador ou filósofo, o maior responsável pelo senso moral vigente no século seguinte, e que constituiria o caráter do período vitoriano. Por exemplo, esse pano de fundo moral de metodistas e evangelicais teria evitado que o utilitarismo proposto por Bentham tivesse sido conhecido na Inglaterra em seu tempo. Só depois da revisão efetuada por J. S. Mill, que o teria tornado mais aceitável à moralidade evangélica da Inglaterra, é que ele passaria a produzir efeitos concretos e importantes, nos campos filosófico, político e moral. Mas a análise de Bentham permite mostrar como seu pensamento apareceu no século XX na forma de certas políticas de Estado para lidar com a vida humana de maneira absolutamente racional e técnica. O papel da historiadora se justifica ao apresentar o século XIX com todas as suas contradições internas, tendo-o na conta de introdução ao século XX, com as lições que o passado poderia apresentar ao presente.

O período vitoriano produziu homens e mulheres que teriam sido capazes de enfrentar as contradições morais de seu tempo, sem abrir mão, ou, talvez melhor, valendo-se de um forte senso moral e de uma religiosidade que lhes conferia vigor e capacidade de enfrentamento dos desafios morais e políticos que seu tempo lhes impunha, apesar de enfrentar um século em que crença e descrença tinham a mesma importância em termos sociais e culturais.

Sobre Liberdade e Liberalismo: O Caso de John Stuart Mill[4]

Nesse estudo sobre o mais importante dos eruditos vitorianos, John Stuart Mill, Himmelfarb aborda o filósofo nos dois aspectos de sua obra, os chamados "dois Mills". A autora procura apresentar o filósofo de uma forma em que seu pensamento se mostre balanceado entre o defensor da liberdade individual como o supremo bem, e o pensador do governo representativo, dos direitos da mulher, das minorias em risco nas democracias – as quais, como tal, são o governo das maiorias –, governo que sabe serem necessárias certas regras e restrições à liberdade individual. O primeiro Mill é aquele que escreveu o influente *Sobre a Liberdade*, publicado em 1859, e o segundo é o que produziu todos os demais escritos, sob a influência da amada, e depois esposa, Harriet Taylor.

A Ideia de Pobreza: Inglaterra e o Início da Era Industrial[5]

Nessa obra, Himmelfarb tenta entender como se formou a concepção social de pobreza na Inglaterra, entre os anos de 1750 e 1850, como ela foi interpretada e explicada, bem como as transformações pelas quais esta concepção passou nesse período, e como tais mudanças afetaram as políticas de socorro e assistência aos pobres.

O livro é estruturado de modo a expor os enfoques e as escolhas que Himmelfarb faz para desenvolver sua investigação sobre o tema. Ela inicia analisando o otimismo econômico de Adam Smith, que prega que uma economia livre e em expansão seria benéfica a todos – incluindo as classes de trabalhadores pobres –, concluindo a

---

[4] *On Liberty and Liberalism: The Case of John Stuart Mill.* New York, Knopf, 1974.
[5] *The Idea of Poverty: England in The Early Industrial Age.* New York, Knopf, 1984.

primeira parte da obra com um pensamento oposto, o pessimismo de Thomas Malthus, que imaginava que a pobreza iria somente aumentar, pois a oferta de alimentos não acompanharia o crescimento populacional. Sendo assim, para Malthus, as iniciativas de assistência aos pobres agravariam os problemas, como o da fome, pois, ao dar mais condições materiais aos pobres, por exemplo, estes seriam estimulados a aumentar suas famílias.

Himmelfarb leva em consideração os efeitos das leis sobre a pobreza emitidas no século XVIII e sua reforma no século XIX, tendo em conta que elas procuravam atacar o problema social gerado pela compreensão do conceito de pobreza. Tentando sanar a ambiguidade do conceito, a legislação passou a separar o trabalhador pobre dos considerados miseráveis. Se a primeira legislação considerava *todos* pobres, a nova procuraria separar os trabalhadores pobres dos miseráveis aptos ao trabalho. Ao fazer essa distinção, a nova lei considerava que a forma de assistência adequada seria a de internar os miseráveis em locais de trabalho, nos quais eles pudessem obter os recursos materiais necessários para sair da condição de miséria. Himmelfarb chama a atenção para o fato de que, sobretudo no século XIX, a pobreza não era enfrentada pela perspectiva do temor ao seu potencial para geração de conflito de classes por se tratar de um problema eminentemente econômico, mas como um problema essencialmente moral. De tal forma era moral, que não foi apenas o Estado a promover a assistência aos pobres. Himmelfarb mostra que houve um envolvimento pessoal de muitos britânicos, que devotaram tempo e recursos em iniciativas particulares, para amenizar o problema da pobreza e ajudar os mais necessitados a mudar sua condição de vida. Novamente, nesse momento, entra em discussão o conceito de imaginação moral que Himmelfarb adota para indicar que a moral vitoriana do século XIX teve um papel importantíssimo no enfrentamento da pobreza.

Por fim, Himmelfarb discute como a noção de pobreza era pouco ou nada relativizada, tanto pelos legisladores, como pelas classes trabalhadoras mais bem posicionadas economicamente, ou pelas classes mais ricas, ou mesmo pelos trabalhadores pobres. A pobreza era definida pelos próprios sujeitos e pelos demais agentes sociais. Essa análise permite a Himmelfarb fazer a apreciação crítica das formas contemporâneas de relativização do conceito de pobreza e da responsabilidade de pesquisadores sociais e intelectuais em tornar o conceito quase ininteligível além de ser, ainda que de forma indesejada, permeado por conceitos morais, porém, de uma moralidade absolutamente diferente daquela do período de meados do século XVIII até princípio do século XX. Sem o entendimento dessas diferenças, a autora diz que o enfrentamento da pobreza perde muito em perspectiva e em sua real capacidade de enfrentamento do problema, especialmente com o enfraquecimento da perspectiva moral que o tema da pobreza envolve. Esse estudo foi complementado pelo seu outro livro dedicado ao tema, *Poverty and Compassion: The Moral Imagination of the Late Victorians*, publicado em 1991.

A História Nova e a Antiga – Ensaios Críticos e Reavaliações[6]

Também composto por ensaios reunidos, esse livro representa uma crítica mordaz à "nova" história, isto é, à história social e aos seus métodos. Sendo conservadora em termos políticos e adepta de uma história produzida de forma tradicional, Himmelfarb se viu extremamente preocupada com a hegemonia que a nova história adquirira dentro de sua área profissional. A nova história, conforme ela aborda, não dá mais importância às ideias. Ela estava profundamente preocupada com o rebaixamento da importância das idcias, da política e das narrativas tradicionais pela nova história. O enfoque da nova história na vida das pessoas comuns e anônimas se produz ao custo da narrativa dos grandes momentos, das grandes personalidades e das grandes ideias que afetaram a vida de enorme número de

---

[6] *The New History and the Old – Critical Essays and Reappraisals*. Cambridge, Belknap Press of Harvard University Press, 1987.

pessoas. Himmelfarb considerava a nova história incapaz de manter qualquer continuidade de sentido com o passado, chegando a produzir interpretações às vezes absurdas, que ela apresenta, em alguns momentos, com uma forte ironia. A obra teve grande repercussão quando de sua primeira publicação, o que lhe rendeu muitos leitores e também muitos opositores.

Pobreza e Compaixão: A Imaginação Moral dos Vitorianos Tardios[7]

Da mesma forma como vinha fazendo em suas outras obras que abordam o que ela considera o *éthos* do período vitoriano, e particularmente no livro *The Idea of Poverty*, Himmelfarb busca o fundamento moral que subjaz à ideia de pobreza. Essa perspectiva já está indicada no título do livro, que aponta para o conceito de "imaginação moral", que ela obtém do crítico literário Lionel Trilling, que, além de referência intelectual e moral, foi amigo pessoal dela e de seu marido. Nesse trabalho, Himmelfarb continua estudando a distinção vitoriana entre o pobre necessitado e o pobre dotado de respeitabilidade, pois ela considera que os historiadores pertencentes ao espectro político de esquerda teriam deixado de considerar essa distinção, ignorando-a como perspectiva de análise histórica. A historiadora indica que a visão moral dos vitorianos, segundo sua apreciação, teria mais sintonia com a realidade de vida dos trabalhadores pobres, e da maneira como eles entenderiam o que é a pobreza, do que a visão eminentemente ideológica dos socialistas, e, por isso, menos capaz de entender a situação real das classes de trabalhadores pobres. Himmelfarb acredita que as classes trabalhadoras pobres e a classe média compartilham os mesmos valores morais, fato que teria sido responsável pela forma de enfrentamento da pobreza que marcou essa época. A análise que a autora faz das soluções adotadas nesse período da história britânica serve-lhe como base para aplicar as mesmas críticas ao sistema de *welfare* contemporâneo, que entende como portador das mesmas deficiências

[7] *Poverty and Compassion: The Moral Imagination of the Late Victorians*. New York, Knopf, 1991.

e riscos dos sistemas estatais de socorro às classes trabalhadoras pobres e meritórias da era vitoriana. Um dos riscos é os trabalhadores desenvolverem uma dependência em relação à assistência do Estado, o que seria frontalmente contrário às virtudes da era vitoriana, e que a autora considera que deveriam ser retomadas contemporaneamente, como a autonomia, a frugalidade e o dever do trabalho, pois tais virtudes, justifica ela, seriam os elementos morais que viriam a constituir o caráter dos cidadãos, tanto os da classe média abastada, como os dos membros das classes trabalhadoras pobres. O período em que o livro foi escrito indica que a autora dirige suas críticas aos sistemas estatais de assistência de seu tempo, que se baseavam nas condições materiais do indivíduo, medidas por algum critério qualitativo pouco claro de bem-estar ou de qualidade de vida. Esses critérios seriam abstratos e baseados na visão coletivista dos intelectuais de esquerda e seriam incapazes de fazer o que era realizado na era vitoriana para decidir quem poderia receber o auxílio oferecido, que era a submissão a alguma forma de verificação moral para checar se a pessoa se enquadraria na categoria de "merecedor"; em caso positivo, essa verificação tornaria a pessoa apta a receber o auxílio; por outro lado, quem não se enquadrasse em tais características morais deveria buscar outras fontes de ajuda.

Esse livro recebeu muitas críticas, pois propôs uma discussão das soluções contemporâneas em termos de políticas de Estado, tendo como base de comparação a era vitoriana, seus valores morais e práticos, vistos com os novos olhos propostos pela autora.

A Desmoralização da Sociedade: das Virtudes Vitorianas aos Valores Modernos[8]

Nessa obra, Himmelfarb traz para a contemporaneidade sua investigação sobre as virtudes vitorianas, buscando avaliar as

---

[8] *The De-Moralization of Society: From Victorian Virtues to Modern Values*. Nova York, Knopf, 1995.

consequências e os custos sociais do desmonte da estrutura moral que constituiu aquela época. Um dos pontos centrais de seu argumento é a distinção entre a noção vitoriana de virtude, já abordada em outros livros, e sua correspondência contemporânea com a noção de valores. Estes implicam o relativismo moral que se instalou no século XX, a começar pela crítica moral produzida por Friedrich Nietzsche (1844-1900) e pela noção weberiana de valores. As virtudes vitorianas compreendiam, por exemplo, a dedicação ao trabalho e à família, a parcimônia, a respeitabilidade e a autonomia (econômica), entre outras. Partindo dessa ótica das virtudes, conceito que remonta às discussões dos filósofos morais britânicos do século XVIII – que afirmavam a presença inata de um senso moral que se manifestava na forma de virtudes sociais –, Himmelfarb faz uma série de comparações entre marcadores sociais, como a criminalidade, a maternidade ilegítima (fora do casamento) e a renda familiar, argumentando que o abandono da noção de virtudes e a consolidação de valores, em função de sua relativização, impôs uma ampla queda de qualidade nesses indicadores sociais, especialmente na segunda metade do século XX, chegando até o presente (o livro é de 1994, contudo o quadro se manteria atual). A crítica social aplicada por Himmelfarb é acompanhada pela defesa das virtudes vitorianas e pelo esforço da autora em estabelecer um novo entendimento a respeito dessa época, a qual ela considera um ápice civilizacional e um sólido parâmetro para medir os resultados contemporâneos. Ela não deixa de conceder que a era vitoriana também sofria de certos excessos, mas procura refutar com abundância de materiais citados, já que a época não era de fato materialista, nem constituída por uma coerção moral hipócrita, como na visão que os historiadores recentes vieram a estabelecer. Em vez disso, a era vitoriana, na interpretação da autora, apresentava uma noção moral muito mais clara do que a presente, que elimina o poder da livre escolha dos indivíduos e faz com que a responsabilidade por seus atos contra a moral e contra a lei seja dissolvida e transferida a forças sociais difusas. As noções de autoestima e autorrespeito já não se estabelecem diante de claros valores morais públicos, mas, em vez disso, dependem apenas de uma experiência interna e narcisista dos indivíduos. As formas de proteção estatal, diferentemente da benevolência particular que imperava na era vitoriana, acomodam os indivíduos na inação e na dependência em relação ao Estado, em vez de estimularem a autonomia e a respeitabilidade. As garantias de assistência universal do Estado fizeram com que os números relacionados ao engravidamento, chamado pela autora de "ilegítimo", aumentasse acentuadamente. Assim, criminalidade e ilegitimidade, são dois dos principais indicadores que Himmelfarb utiliza para confirmar sua avaliação de que a era vitoriana foi muito mais propícia ao bem-estar público do que a atual.

É essa a condição presente tanto na Grã-Bretanha como nos Estados Unidos, e o interesse da autora é estabelecer essas análises comparativas como forma de trazer para o debate público a necessidade de restabelecer virtudes sociais que visem o bem público, como fez a era vitoriana.

A Imaginação Moral: De Adam Smith a Lionel Trilling[9]

Nessa coletânea de ensaios, Himmelfarb busca evidenciar a presença, em uma diversidade de autores, do conceito de "imaginação moral", que ela encontrou inicialmente em Lionel Trilling (1905-1975), e que este localiza em T. S. Eliot (1888-1965), e que remonta a Edmund Burke (1729-1797).

O tema da moral vitoriana ainda pode ser encontrado no livro *Marriage and Morals Among the Victorians: Essays* [Casamento e Moral Entre os Vitorianos: Ensaios]. New York: Knopf, 1986.

---

[9] *The Moral imagination: From Adam Smith to Lionel Trilling.* Chicago, Ivan R. Dee, 2006.

TEMAS CONTEMPORÂNEOS

Gertrude Himmelfarb também dedicou algumas obras a temas contemporâneos, que envolvem a situação política e cultural dos Estados Unidos, da Inglaterra e questões que envolvem a situação dos judeus no contexto mundial atual.

Olhando para o Abismo: Pensamentos Tardios da Cultura e da Sociedade Vitorianas – Ensaios[10]

Esse livro é uma coletânea de artigos que foram publicados em diferentes veículos e épocas, mas que têm em comum a visão crítica de Himmelfarb sobre a característica pós-moderna que várias disciplinas acadêmicas estavam adotando. Nos capítulos do livro, ela se debruça sobre as novas formas de história, literatura, ou, melhor dizendo, sobre a crítica literária, sobre a filosofia e sobre a política, que, durante o século XX, foram se estabelecendo, e que prevaleciam nos meios acadêmicos, assim como nos meios culturais norte-americanos e europeus, na época em que ela escreveu os artigos. Sua perspectiva é de crítica às formas de relativismo que podia observar na produção acadêmica, e que tinham como efeito a completa incapacitação para emitir qualquer juízo de valor, a inviabilidade da moral e a transformação da história em uma disciplina inócua. A imagem de que a autora se vale para dar nome ao livro, assim como ao primeiro capítulo, olhando para o abismo, ela a obtém de Lionel Trilling em seu ensaio *On the Teaching of Modern Literature* [Sobre o Ensino de Literatura Moderna]. Essa imagem evoca o perigo de tornar a literatura e a história incapazes de denunciar os males vividos e o bem produzido pela experiência humana. Essa inocuidade da literatura se produz à medida que a crítica literária substitui a própria literatura e esta, ao tornar-se "moderna", destitui-se de qualquer qualificativo. Deixando de ser literatura, ela passa a ser texto, e sendo

---

[10] *On Looking into the Abyss: Untimely Thoughts on Culture and Society Victorians – Essays.* New York, Knopf, 1994.

apenas texto, abre a possibilidade para que qualquer "texto" seja visto como literatura. Como diz a autora, uma peça de Shakespeare e o Super-Homem valem o mesmo para a nova crítica literária. Esse seria o produto da nova forma de abordar a literatura, que é a desconstrução. Assim, a história, vista a partir da análise estruturalista, perde completamente a capacidade de exibir a realidade histórica como resultado das decisões morais, tanto de grandes figuras como dos homens comuns, transferindo essa responsabilidade para forças impessoais que se manifestam na forma de grandes movimentos da história ou de estruturas políticas e culturais. Mas não de indivíduos livres como produtores da história.

Uma das consequências mais graves das várias formas de dissolução dos conteúdos que Himmelfarb aponta refere-se ao Holocausto. Visto a partir da perspectiva da "grande história", essa experiência de violência, brutalidade e assassínio perde sua qualidade de um "mal" e ganha algum sentido na história, mas um sentido que praticamente se desconecta da dor e do sofrimento vividos, possibilitando chegar-se, inclusive, às novas formas de negação da própria existência do Holocausto. A história é texto. O Holocausto é texto e um texto se pode desconstruir. Aí estão a tônica e o tom dessa obra, na qual Himmelfarb deixa explícitas suas posições intelectuais e morais e suas críticas a tais tendências de pensamento e comportamento contemporâneos, procurando apontar o que ela considera serem seus grandes riscos e equívocos.

Uma Nação, Duas Culturas[11]

Himmelfarb aborda aqui a chamada guerra cultural, que foi como os estudiosos da cultura americana se referiram à dupla característica adotada a partir dos anos 1960. Nessa época, a contracultura passou a ser

---

[11] *One Nation, Two Cultures*. New York, Knopf, 1999; Vintage, 2001.

dominante no cenário cultural norte-americano, trazendo consigo uma nova forma de vivenciar socialmente a sexualidade a partir de uma moralidade muito mais atenuada, se analisada em comparação com as décadas anteriores. Himmelfarb procura evitar os dois extremos na definição desse quadro: por um lado, tem-se a ideia de que os Estados Unidos seriam uma única nação, tolerante, aberta, múltipla e democrática, na qual conviveriam bem muitos grupos culturais e sociais diferentes; no outro, há uma nação dividida em duas, sendo cada lado representado por certa cultura: uma cultura liberal, fruto do relaxamento moral trazido pela contracultura, e uma cultura conservadora, que valoriza a família, a religião e a moral. De posse de seus conceitos conservadores em cultura, fruto de seus estudos sobre a era vitoriana, Himmelfarb aplica sua crítica a essas novas formas de cultura vigentes, mas não deixa de reconhecer que é uma virtude dos Estados Unidos conseguir se manter como uma só nação apesar desse fosso moral e cultural existente em seu interior.

A Odisseia Judaica de George Eliot[12]

Nessa obra, a historiadora tenta desvendar as razões que fizeram com que a escritora britânica George Eliot, cristã que se declarou agnóstica, escrevesse um romance tão elogioso aos judeus e em que prevê o movimento sionista, e depois em ensaios defendesse a necessidade de um Estado judeu.

O povo do livro: Filossemitismo na Inglaterra, de Cromwell a Churchill[13]

Himmelfarb faz um trabalho de pesquisa histórica para recuperar o conceito de filossemitismo, que seria uma forma de se referir ao sentimento e a atitude social de proximidade, e mesmo de elogio aos judeus, que se produziu na Inglaterra por vários séculos. Himmelfarb

[12] *The Jewish Odyssey of George Eliot*. New York, Encounter Books, 2009.
[13] *The People of the Book: Philosemitism in England, from Cromwell to Churchill*. New York: Encounter Books, 2011.

contrasta a presença desse sentimento social com seu oposto, mais conhecido e abordado, e mais praticado, que é o antissemitismo. Sua discussão é um esforço para trazer à tona uma visão sobre a relação amistosa com os judeus como forma de enfrentar as novas ondas de antissemitismo, tomando como exemplo a história do filossemitismo que a Inglaterra tão nobremente teria produzido.

ARTIGOS E OUTRAS PUBLICAÇÕES

Muitos dos livros publicados por Gertrude Himmelfarb são compostos por artigos que a historiadora produziu e publicou em periódicos acadêmicos, em revistas especializadas e mesmo em jornais de grande circulação. Algumas de suas principais produções podem ser encontradas nas revistas *Commentary Magazine*, *The New Criterion*, *The Public Interest*; nos jornais *American Scholar*, *Victorian Studies*, *The American Historical Review*, *The Journal of British Studies*, *The Journal of Modern History*, entre outros.

Além disso, Himmelfarb foi responsável pela edição de várias obras:

ACTON, Lord. *Essays on Freedom and Power* [Ensaios sobre Liberdade e Poder]. New York: Free Press, 1948.

MALTHUS, Thomas R. *On Population* [Sobre a População]. New York: Modern Library, 1960.

MILL, John Stuart. *Essays on Politics and Culture* [Ensaios sobre Política e Cultura]. New York: Doubleday, 1962.

MILL, John Stuart. *On Liberty* [Sobre a Liberdade]. Baltimore: Penguin, 1985.

TOCQUEVILLE, Alexis de. *Memoir on Pauperism* [Memória Sobre a Pobreza]. Chicago: Ivan R. Dee, 1997.

HIMMELFARB, Milton. *Jews and Gentiles* [Judeus e Gentios]. New York: Encounter, 2007.

The Spirit of the Age: Victorian Essays [O Espírito de uma Época: Ensaios Vitorianos]. New Haven: Yale University Press, 2007.

KRISTOL, Irving. *The Neoconservative Persuasion – Selected Essays – 1942-2009* [A Persuasão Neoconservadora – Ensaios Selecionados – 1942-2009]. New York: Basic Books, 2011.

3. O CONTEXTO INTELECTUAL E CULTURAL DE *OS CAMINHOS PARA A MODERNIDADE*

Para melhor compreendermos o contexto em que surgiu a obra *Os Caminhos para a Modernidade* (publicado originalmente em 2004) e sua importância, não apenas acadêmica, mas também como parte do esforço de Himmelfarb para sustentar um diagnóstico da sociedade contemporânea e defender suas concepções políticas e morais, nos será de muita valia acompanhar a autora no seu caminho intelectual, de forma a perceber como certas questões vão ganhando sua atenção e compondo o conjunto de seu pensamento, bem como seu posicionamento filosófico, político e moral.

O processo de contínuo afastamento do marxismo[1] levado a cabo por Gertrude Himmelfarb pode ser verificado na crescente amplitude de seus interesses intelectuais e da intensidade das críticas a diversos segmentos acadêmicos que ela foi produzindo no passar dos anos.

O período de estudos para o doutorado na Inglaterra, durante o qual a historiadora realizou pesquisas para sua tese sobre Lord Acton, significou um intenso contato com as ideias conservadoras britânicas; ideias e princípios que Himmelfarb encontrara em Acton vão aparecer em suas análises e críticas às formas que a cultura e a política adotaram na contemporaneidade. A defesa da liberdade como princípio moral, que ela encontra em Acton, lhe servirá como baliza para a crítica ao

---

[1] Veja na "Notas biográficas" que Himmelfarb, na juventude e no período de estudos de graduação, pertencia ao movimento trotskista, a vertente socialista oposta ao socialismo stalinista.

relativismo moral e ao totalitarismo político, vivenciados no século XX. Sem esses princípios, não haveria sequer o ponto de partida para a crítica da moral contemporânea e suas consequências sociais e políticas. Também a famosa frase de Acton, tão citada e repisada, sobre a capacidade corruptora do poder,[2] especialmente do poder absoluto, é interpretada por Himmelfarb como uma forma de presciência de Acton, que adverte sobre o mal que pode provir do poder, mal que é concretizado nos estados totalitários e nas atrocidades por eles perpetradas no mesmo século XX. Também o questionamento de Acton do "governo por ideias", que parte do juízo sobre a Revolução Francesa já adiantado por Burke, embasa a crítica às formas antiliberais de movimentos, como os nacionalismos.[3]

Durante seu período de pesquisa na Inglaterra, Himmelfarb manteve contato com o filósofo conservador Michael Oakeshott (1901-1990), o qual, havia pouco, publicara um trabalho bastante importante e alinhado à crítica de Acton ao "governo por ideias". Trata-se do artigo intitulado "Rationalism in Politics" ["Racionalismo na Política"], que viria a ser, também, o título de uma importante coletânea de artigos de Oakeshott.[4] Nesse artigo, o filósofo apresenta a sua concepção da atitude racionalista, e como ela se manifesta na política da Europa no século XX. Em síntese, Oakeshott aponta o comportamento de pensadores e políticos que depositam total confiança na capacidade da razão de solucionar as questões e anseios sociais, não levando em conta nada do que seja tradicional, costumeiro ou habitual (para usar os termos que o autor emprega), o que faz com que uma parte da classe política seja absolutamente despreparada, por falta de conhecimento prático (e não apenas racional, que Oakeshott chama de técnico). O risco do racionalismo aplicado à política é o de submeter uma

---

[2] "O poder corrompe, o poder absoluto corrompe absolutamente."

[3] Ver G. Himmelfarb, "Lord Acton: In Pursuit of First Principles". *New Criterion*, vol. 18, junho de 2000. Resenha do livro *Lord Acton*, de Roland Hill.

[4] Michael Oakeshott, *Rationalism in Politics and Other Essays*. Indianapolis, Liberty Fund, 1991.

sociedade a transformações, até mesmo violentas, sob o argumento de construir algo que racionalmente pode ser "compreendido" como o melhor regime político, ou a melhor distribuição de renda, ou o modelo mais seguro de governo, etc., mesmo que isso signifique o sacrifício de muitas vidas em função de um ideal utópico ou abstrato, mas embasado em um critério "racional". Este racionalismo, assim posto, por desacreditar do costume, do habitual, não tem nenhuma relação com valores estabelecidos em um povo, estando disposto a dissolver essa estrutura moral em nome de algum objetivo racionalmente estabelecido, não necessariamente derivado de uma situação presente e concreta, mas muito mais afeita a uma utopia. O risco de totalitarismos, regimes cruéis, etc., deriva dessa atitude racionalista. O pensamento de Himmelfarb terá muita proximidade com essa crítica de Oakeshott. Ela considera que a crítica ao racionalismo na política, produzida por Oakeshott no contexto dos anos 1950 na Inglaterra, não teria ficado datada, tendo sido antecipatória do movimento da contracultura, da crítica aos costumes e à tradição do comportamento de uma geração que se orgulhava de ser "alienada", e que podia pressentir o potencial anárquico, contrário às formas de autoridade governamental e avesso à moral.[5] Essas características políticas e culturais, predominantes nos anos 1960, estavam em sintonia com a filosofia política racionalista na forma que ela havia adotado nessa época, mas que, em síntese, mantinha o caráter fundamental de um "racionalismo que converte filosofia em ideologia, ideologia em 'práxis' e 'práxis' em ações políticas agressivas e num estado intrusivo".[6] De maneira geral, o pensamento de Oakeshott podia ser descrito como uma disposição para aceitar o que a realidade é, em vez do que ela "deveria ser", e uma forma de desfrutar daquilo que a vida presente oferece

---

[5] Ver os comentários de Himmelfarb sobre o período em que manteve contato com Oakeshott em Cambridge e sua avaliação do pensamento do filósofo em seu livro *The Moral Imagination: From Adam Smith to Lionel Trilling*. Chicago, Ivan R. Dee, 2006, p. 177-96.

[6] Michael Oakeshott, *Rationalism in Politics*, op. cit., p. 245.

sem submeter essas "dádivas" à validação política. A possibilidade de a política assumir o papel de produtora da redenção e da moral era uma ideia que, para Oakeshott, bem como para Himmelfarb, configurava--se, simplesmente, como repulsiva.

A descrição da postura filosófica conservadora, que Oakeshott aplica a si próprio, é a de que essa é uma "disposição", no sentido que envolve o sentimento, o hábito, a experiência concreta, a constatação da multiplicidade de interesses e valores morais nas pessoas, não sendo uma defesa "racional" do conservadorismo. Essa noção de disposição terá muita proximidade com o conceito de "imaginação moral", que Himmelfarb recebera de Lionel Trilling, o crítico literário, bem mais avançado em idade que ela, mas que além de figura de influência moral e intelectual, tornou-se amigo de Himmelfarb e de seu marido, Irving Kristol. Lionel Trilling, por sua vez, obtivera o conceito de imaginação moral de T. S. Eliot. Himmelfarb conta que seu primeiro contato com Trilling se deu por um artigo que ele publicara na revista *Partisan Review*, o órgão oficial da juventude trotskista nos anos 1940, movimento ao qual a jovem Gertrude Himmelfarb estava filiada à época. No artigo, Trilling recomendava a leitura do conservador e anglocatólico T. S. Eliot, e criticava tanto o marxismo, pela sua decadência, quanto o liberalismo, em seu relativismo e materialismo. Sendo assim, a opção proposta por Eliot permitia fazer a crítica ao marxismo e ao liberalismo pela via da religião, que, no caso de Eliot, era o cristianismo. Mais tarde, em 1949, Trilling escreveria outro artigo, no qual apontaria para os perigos de uma sociedade ser organizada por meio de um idealismo social, que proporia sua mudança na sociedade por meio de uma revolução também idealista, cujo resultado mais provável seria exatamente uma sociedade tirânica, não embasada ou não condicionada pela realidade. E essa crítica se aplicava não só aos regimes de base marxista, mas também aos liberais, pois ambos estariam sujeitos a variedades de socialismo idealista. Trilling se propunha, inspirado em Eliot, a olhar a vida pública pela perspectiva de um moralista. O desprezo pelo passado e a adoração pelo futuro eram as características dos liberais revolucionários que Trilling já se punha a criticar, pois estes apostavam, em nome do progresso, em um futuro indefinido, crítica que se estendia aos marxistas, que apostavam em um futuro em que não apenas haveria a reforma da sociedade, mas também a reforma do homem, que seria totalmente transformado pelo marxismo; tal reforma partiria do desprezo do homem como ele é para chegar ao homem como "deveria ser". Apesar de não recomendar a opção religiosa de Eliot, Trilling via nele uma percepção muito mais valiosa, pois valorizava o homem do presente do mesmo modo que o homem do futuro, oferecendo, assim, um valioso antídoto às formas de pensamento que se desvinculavam da realidade, querendo transcendê-la. A sensibilidade moral e cultural de Trilling oferecia a Himmelfarb, como ela mesma relata, uma perspectiva que subvertia o liberalismo sem que isso significasse uma adesão necessária ao conservadorismo, representando, na verdade, uma visão híbrida de um neoliberalismo com um neoconservadorismo.[7] Himmelfarb definiria o legado de Trilling, para liberais e conservadores, como um "realismo moral". Essa postura, além de servir como prevenção ao sentimento político de retidão moral, com todos os riscos em que ele implica, apontaria para aquilo que faltava a conservadores e liberais, o que Trilling teria descrito como o "senso de variedade e complexidade", e que daria a base de realidade para a imaginação moral.[8]

Essas concepções de Trilling contribuíram para compor o posicionamento intelectual e político particular de Himmelfarb, sem excluir a importante influência de seu marido, Irving Kristol, que comungaria dessa mesma perspectiva moral, cultural e política e que seria, como ela, amigo e admirador da pessoa e do pensamento de Lionel Trilling.[9]

---

[7] Gertrude Himmelfarb, *The Moral Imagination*, op. cit. Ver capítulo sobre Lionel Trilling, p. 219-29.

[8] Ibidem, p. 228.

[9] Estão disponíveis em português as seguintes obras de Lionel Trilling: *Sinceridade e Autenticidade*. Trad. Hugo Langone. São Paulo, É Realizações, 2014; *A Imaginação Liberal*. Trad.

Enquanto esteve na Universidade de Chicago, Himmelfarb conviveu com outro grande representante do pensamento conservador, que foi o filósofo alemão Leo Strauss, judeu emigrado no início do regime nazista, em 1938, e radicado nos Estados Unidos.[10] Strauss, nascido em 1899, doutorou-se na Alemanha com uma tese sobre o pensamento do filósofo Baruch de Espinosa,[11] e estabeleceu-se como professor de Filosofia na Universidade de Chicago em 1949, lá passando a lecionar até se aposentar, em 1968. Strauss, que faleceu em 1973, foi um grande crítico do liberalismo e de sua tendência ao individualismo, que ele atribuiu especialmente ao pensamento de Rousseau e de Nietzsche, vendo neste último, em particular, a raiz do totalitarismo moderno.[12]

Strauss produziu uma crítica a esses autores, pois atribuiu a eles a produção daquilo que chamou de "crise da modernidade", pois a via como uma crise, antes de tudo, da filosofia política, isto é, uma crise no sentido de que a sociedade moderna havia perdido, paulatinamente, a confiança na sua capacidade de emitir juízos morais sobre sistemas e regimes políticos que lhe permitissem escolher a melhor ou a mais justa sociedade para se viver. Essa perda de capacidade foi descrita como tendo sido produzida e intensificada em três grandes momentos da filosofia política ocidental: o primeiro representado por Thomas Hobbes (1588-1679) e Maquiavel[13] (1469-1527),

Cecília Prada. São Paulo, É Realizações, 2015; *A Mente no Mundo Moderno*. Trad. Hugo Langone. São Paulo, É Realizações, 2015. (N. E.)

[10] Sobre a obra de Leo Strauss, leia também, nesta mesma Biblioteca Crítica Social, o volume: Talyta de Carvalho Pondé, *Leo Strauss: Uma Introdução à Sua Filosofia Política*. São Paulo, É Realizações, 2015. Ainda de Leo Strauss, está disponível em português a coletânea de ensaios *Perseguição e a Arte de Escrever*. Trad. Hugo Langone. São Paulo, É Realizações, 2015. (N. E.)

[11] Leo Strauss, *Spinoza's Critique of Religion*. Chicago, University of Chicago Press, 1997.

[12] Leo Strauss, *An Introduction to Political Philosophy*. Ed. Hilail Gildin. Detroit, Wayne State University Press, 1989. Ver, especialmente, o capítulo "The Three Waves of Modernity".

[13] A respeito de Maquiavel, ver Leo Strauss, *Reflexões sobre Maquiavel*. Trad. Élcio Verçosa. São Paulo, É Realizações, 2015. (N. E.)

o segundo por Jean-Jacques Rousseau (1712-1778) e o terceiro por Nietzsche. Em Hobbes, Strauss viu o fim da ideia clássica do "dever" moral do homem atrelado a um bem maior, e a instauração de uma era do "direito" natural, fundamentado, no entanto, no direito de cada indivíduo de preservar a própria vida, na qual "natural" significa a natureza no sentido mecanicista que prevalecia desde o fim do Renascimento; no pensamento de Rousseau, o dever moral perde totalmente a conexão com a natureza e com o divino, pois, com sua proposição de que a sociedade deve ser regida coletivamente a partir de uma "vontade geral", tudo quanto é legítimo em uma sociedade derivaria dessa "vontade de todos", significando que a ordem moral seria produzida socialmente e estaria sujeita à decisão popular; com Nietzsche, mesmo socialmente construída, a moral rousseauniana seria descartada, pois permaneceria uma moral, isto é, uma forma de rebaixamento do Homem, que, para ser plenamente humano, deve viver segundo sua vontade de potência, o que significa reinstaurar uma forma aristocrática de sociedade e uma vida pautada pela experiência estética (no sentido filosófico, e não artístico), e não pela ética. Strauss conecta cada um desses autores, respectivamente, ao liberalismo democrático, ao socialismo e ao fascismo, vigentes no século XX, vendo cada um deles como responsável por uma parte das tragédias mundiais vividas nesse tempo.

    Para Strauss, a política liberal, com sua ênfase na liberdade individual e na moralidade subjetiva, derivadas desses pensadores, conduziu ao niilismo. E o niilismo era a forma de fazer do homem um ser deslocado, ou sem morada no próprio mundo. O pensamento de Strauss apoia-se numa forte defesa do pensamento clássico, que tinha foco no caráter moral do homem e não na ênfase em sua liberdade individual. Também a confiança moderna nas ideologias utópicas e na ciência conduziu à dissolução dos fundamentos morais da sociedade. Nesse sentido, a crítica desenvolvida pelo pensamento de Strauss tornou-se um dos grandes fundamentos do pensamento conservador e neoconservador que se desenvolveu nos anos seguintes. Irving Kristol relata que o encontro com o pensamento de Leo Strauss operou nele um grande choque intelectual.[14] É amplamente reconhecida a influência do pensamento de Leo Strauss em grande parte da intelectualidade política conservadora dos Estados Unidos, não tendo se restringido ao grupo de intelectuais judeus de Nova York, ao qual pertenciam Kristol e Himmelfarb.

Aproximadamente na mesma época em que Strauss despontou no pensamento político, surgiu também na cena cultural o pensador Will Herberg, cuja influência na consolidação do pensamento conservador é reconhecida, em particular por sua ênfase no papel da religião na sociedade. Essa posição de Herberg pode ser mais bem observada naquela que é, talvez, sua obra mais conhecida e mais influente, *O Judaísmo e o Homem Moderno*, publicada em 1951.[15] Seu pensamento conservador guardava uma visão pouco otimista em relação ao Homem, derivada de sua teologia, e que, ao mesmo tempo, se apoiava no conceito de lei natural de Edmund Burke, o estadista e filósofo britânico do século XVIII, que também viria a ser fundamental no pensamento de Himmelfarb, a qual, como Herberg, também estabeleceria a relação entre política, moral e religião. Herberg, porém, seria criticado por contemporâneos, como Daniel Bell, que considerava equivocada sua confiança na religião como defesa contra a ameaça do totalitarismo. Já Milton Himmelfarb (1918-2006), irmão de Gertrude, adotaria uma postura próxima à de Herberg, ao considerar que as formas deístas que certos pensadores judeus adotaram serviram para corroer a própria noção de comunidade judaica que se havia estabelecido nos Estados Unidos desde o começo do século.

A esses precursores judeus do pensamento conservador que se estabeleceu a partir dos anos 1950 e 1960, somam-se outros

---

[14] Murray Friedman, *The Neoconservative Revolution*. New York, Cambridge University Press, 2005, p. 41.

[15] Will Herberg, *Judaism and Modern Man: An Interpretation of Jewish Religion* (1. ed. 1951). Reimpresso com introdução de Neil Gilman. Woodstock, Jewish Lights Publishers, 1997.

pensadores de porte que tiveram participação tão fundamental quanto os primeiros. Nessa época, um dos mais importantes, foi Russell Kirk (1918-1994), cuja obra *The Conservative Mind* [A Metalidade Conservadora],[16] publicada em 1953, quando o jovem autor era ainda professor de História no Michigan State College, estabeleceu a perspectiva conservadora, ofereceu ao movimento maior consciência de si mesmo e proporcionou o instrumento para que pudesse adotar uma posição conjunta e adquirir certa unidade. Inseriu, assim, o conservadorismo na tradição americana e o firmou como parte integrante desta. A obra de Kirk significava a crítica e a rejeição ao pensamento liberal, às propostas ditas "progressistas", reafirmando a ligação entre moral, tradição e religião, reiterando a inseparabilidade entre propriedade e liberdade. Kirk parte de uma concepção da natureza humana, derivada da tradição teológica, que a toma em sua condição precária, mas que – dado que o Homem pode apoiar-se no costume, no hábito e na tradição – pode produzir uma ordem social que seja tolerável. Essa mesma condição humana o fazia desconsiderar as utopias e ideologias de cunho metafísico, pois considerava que elas poderiam implantar um inferno organizado na Terra. E era assim que esse autor olhava para o passado recente do século XX. Himmelfarb não poderia ser classificada entre os conservadores, especialmente nesse período, dado que, como Irving Kristol declararia, eles tinham certas afinidades com o conservadorismo tradicional, mas dele haviam se distanciado, pois não viam na desconfiança exacerbada no Estado uma postura adequada ao tempo presente, tampouco uma confiança plena nas forças do mercado. Ambas as

---

[16] Russell Kirk, *The Consevative Mind: from Burke to Eliot*. 7. ed. Washington, Regnery Gateway, 1986. [Este clássico de Russell Kirk ainda não está disponível em português, mas pode-se aprofundar o estudo do pensamento conservador com a leitura de *A Era de T. S. Eliot: A Imaginação Moral no Século XX*. Trad. Márcia Xavier de Brito. São Paulo, É Realizações, 2011; e de *A Política da Prudência*. Trad. Márcia Xavier de Brito e Gustavo Santos. São Paulo, É Realizações, 2013. Desta mesma Biblioteca Crítica Social, veja: Alex Catharino, *Russell Kirk: O Peregrino na Terra Desolada*. São Paulo, É Realizações, 2015. (N. E.)]

posturas tiveram novas formulações no pensamento, posteriormente chamado de neoconservador, de Kristol e Himmelfarb.

As décadas de 1960 e 1970 foram marcadas pela tensão internacional entre as duas superpotências da época – os EUA e a União Soviética –, a qual era chamada de "Guerra Fria": provocada pelo intenso conflito de interesses geopolíticos e econômicos entre o bloco soviético (socialista), que impunha seu domínio sobre os países do bloco por intermédio do poderio militar, da imposição do modelo político, do centralismo econômico e da hegemonia cultural, e o bloco ocidental, liderado pelos Estados Unidos, que se baseava no modelo capitalista, em regimes republicanos, em geral, democráticos. Esse conflito estabeleceu-se desde o fim da Segunda Guerra Mundial, com a divisão do mundo nos dois grandes blocos liderados pelas duas potências. Os anos 1960 assistiram um grande aumento nessa tensão, derivado da escalada de produção e instalação de armamentos, especialmente os nucleares, que indicariam, na perspectiva das duas superpotências, quem estaria na vantagem, em termos de domínio geopolítico. Esse panorama veio a ter consequências enormes nos anos 1970 e 1980, como veremos mais à frente.

Internamente, nos EUA, o conflito aparecia na forma da disputa entre os democratas liberais, influenciados pelo pensamento socialista, e os conservadores, apoiados na perspectiva dos costumes, da liberdade individual, do mercado através do *New Deal*, o programa de recuperação econômica que se seguiu à Grande Depressão de 1929. O liberalismo conservador, assumido pelos republicanos, era, portanto, de base econômica, mas não cultural e político, como o dos democratas. Mas a tensão se estabeleceu de forma mais intensa nos anos 1960, quando o movimento de contracultura ganhou corpo nos Estados Unidos, alimentado pelo pensamento socialista, marcado por certa admiração idealizada da sociedade soviética. O movimento de contracultura produziu um significativo desmonte de estruturas morais e sociais que eram predominantes na cultura norte-americana até então. Irving Kristol, em artigo publicado na revista *The Public*

Interest,[17] faz referência ao conservadorismo tradicional que predominava nos anos 1950, ao qual se somaria uma tendência mais recente, o conservadorismo de base religiosa e com foco nas questões morais, que ele não considerava um movimento político-religioso agressivo, mas um movimento de defesa, uma "reação à contracultura popular, contra o secularismo adotado na Suprema Corte, contra um governo que taxava pesadamente enquanto removia todos os traços de moralidade e religião da educação pública, [...] enquanto subsidiava toda sorte de atividades e programas ultrajantes para a moralidade tradicional".[18] Durante esse mesmo período, estabeleceram-se os programas assistenciais de combate à pobreza, derivados da política do *welfare state*.

Irving Kristol, no mesmo artigo, faz um relato breve de como se constituiu o pensamento político neoconservador, que inicialmente nem tinha tal nome, e cujos representantes eram, em sua grande maioria, pensadores judeus do grupo de intelectuais de Nova York, que tinham mais afinidade com os democratas. Paulatinamente, eles se afastaram do liberalismo democrata e se aproximaram do pensamento conservador, mantendo, porém, uma atitude crítica quanto ao antiestatismo dos conservadores, que Kristol e seus companheiros achavam inadequado, e mesmo ingênuo. Era preciso repensar o papel do Estado em seus programas, mas não, simplesmente, descartá-lo *a priori*, como o faziam os conservadores. O neoconservadorismo, que também foi adotado por Gertrude Himmelfarb, agregava essas críticas ao liberalismo democrático, que, nos anos 1970, foi encampado por governos como o de Jimmy Carter, que foi presidente entre 1977 e 1981. Para os neoconservadores, a política interna dos liberais democratas era responsável pela derrocada moral que a sociedade norte-americana sofria, o que significava o desmantelamento das relações sociais tradicionais, a desvalorização da cultura, o crescimento do desmonte das famílias – como resultado do aumento na criminalidade, no engravidamento

---

[17] Irving Kristol, "American Conservatism 1945-1995". *The Public Interest*, outono de 1995.

[18] Ibidem.

fora do casamento (ilegítimo, como designa a autora) –, o comportamento agressivo representado nas artes e, como preocupação das mais importantes, a criação de toda uma geração que se tornava cada vez mais dependente dos programas assistenciais do governo, cujo objetivo era o combate à pobreza, mas que, para esses pensadores, significaria, ao fim, a criação de uma classe de dependentes, incapazes de sair da pobreza por vias próprias ou nada interessados em fazê-lo. Essa crítica aos programas estatais retomava a argumentação levada a cabo cerca de um século antes por Alexis de Tocqueville, cujo texto *Memoir on Pauperism*, de 1835, foi republicado em 1983 na revista *The Public Interest* com um texto introdutório de Gertrude Himmelfarb. As críticas dos neoconservadores, gestadas na revista, acabaram por produzir, em 1995, uma revisão desses programas estatais com a reformulação da legislação que os sustentava.

Essas características culturais e políticas presentes entre 1960 e 1980 nos Estados Unidos vão ser enfrentadas e criticadas por Himmelfarb em várias de suas obras. Considerando-se especificamente o escopo da obra *Os Caminhos para a Modernidade*, pode-se dizer que, com ela, a autora se propõe a trazer a particularidade da história e da cultura norte-americanas de volta à atenção pública, de forma tal que seu povo reencontrasse seu lugar e seu papel no mundo contemporâneo, o qual lhe teria sido atribuído pelo próprio caráter de sua excepcionalidade como nação, como sociedade e como república democrática.

A afirmação das raízes culturais americanas fincadas na origem britânica, a compatibilidade de seu iluminismo com o britânico – que produzia uma visão moral das relações em sociedade – e a particularidade histórica norte-americana, que Himmelfarb descreve como a "política da liberdade", seriam os fundamentos da sociedade norte-americana que estariam se perdendo à medida que uma perspectiva cultural "estranha" se instaurava. Esse panorama tomava forma no liberalismo socialista adotado pelos democratas, o qual dissolvia os fundamentos citados e os substituía pelo assistencialismo de Estado, pelo relativismo moral e pela decadência deste, com consequências perversas em termos de criminalidade, corrosão dos costumes e dissolução da família tradicional, que eram as bases da estabilidade e do progresso econômico e social experimentado, por exemplo, na era vitoriana inglesa e americana.

Os neoconservadores tinham uma visão do capitalismo distinta daquela dos conservadores liberais. Kristol e Himmelfarb, bem como os demais neoconservadores, pensavam o capitalismo atrelado a uma responsabilidade moral e social. Uma discussão aberta por eles, mas que não era nova, pois remontaria ao pensamento de Adam Smith em seu livro *Teoria dos Sentimentos Morais,* publicado em 1957.[19] Para os neoconservadores, o núcleo desse capitalismo mais benigno estaria não tanto na economia em si, mas na liberdade individual, o que, portanto, conformaria a essência da democracia.[20] Himmelfarb destacaria em um artigo na revista *Commentary* que o livre empreendimento produziria certas virtudes que seriam fundamentais para o bem público, como a valorização do trabalho árduo, da sobriedade, da frugalidade, virtudes que não seriam exclusivas de uma classe ou de um grupo particular, mas que estariam ao alcance de qualquer pessoa.[21]

Essa discussão será desenvolvida na primeira parte de *Os Caminhos para a Modernidade*, no capítulo 2, intitulado "Economia Política e Sentimentos Morais". Nele, a autora aborda, entre outros temas, a correlação entre a teoria econômica de Smith, apresentada no livro *A Riqueza das Nações*, com os princípios desenvolvidos de seu livro *Teoria dos Sentimentos Morais*, que Himmelfarb defende serem compatíveis, e não conflitantes. Em ambas as obras, observa-se o tom de otimismo de Smith, que via no industrialismo e no comércio oportunidades

---

[19] Adam Smith, *Teoria dos Sentimentos Morais*. Trad. Lya Luft. São Paulo, Martins Fontes, 1999.

[20] Como bem observa Murray Friedman, no capítulo de seu livro em que discute a ascensão do neoconservadorismo.

[21] Gertrude Himmelfarb, "Victorian Values/Jewish Values". *Commentary*, fevereiro de 1989.

acessíveis a todos, não apenas para obter acréscimo material, mas também melhores condições de vida para os indivíduos. Também a "liberdade natural" estimularia o comércio e o espírito de liberdade em geral. Esse amor à liberdade, para Smith, seria fundamental e mais importante que uma liberdade que apenas visasse o lucro material. Daí sua crítica ao mercantilismo. A liberdade natural era também a base de seu entendimento e a valorização do caráter democrático que ela propiciava, um caráter democrático aplicado mais no sentido humano do que no político, como faz notar Himmelfarb.

A crítica de Gertrude aos programas assistenciais do governo americano, com seus efeitos perversos de criação de uma cultura de dependência das pessoas em relação ao Estado, tem seus fundamentos apresentados no estudo que ela desenvolve em *Os Caminhos para a Modernidade*. No capítulo sobre a "Era da Benevolência", a autora descreve o modo como a sociedade britânica da era vitoriana enfrentou a pobreza, não como uma questão primariamente de política de Estado, mas, antes, como uma questão moral que envolvia toda a sociedade, de forma que esses valores morais fundamentais teriam sido compartilhados por todas as camadas da sociedade, dos mais ricos aos trabalhadores mais pobres. Nobres, classe média alta e trabalhadores bem remunerados compartilhavam o sentimento de que o problema da pobreza deveria ser enfrentado levando-se em conta a perspectiva humana envolvida, de forma que os beneficiados pelos programas desenvolvidos pudessem sair daquela condição dignamente; acreditava-se que isso era possível, pois os mesmos trabalhadores pobres valorizavam a independência e a autossuficiência, como uma questão de dignidade e respeitabilidade.

Essas questões seriam enfrentadas de forma distinta nos anos 1980, quando o republicano Ronald Reagan foi eleito presidente dos Estados Unidos. A administração Reagan teve como sua principal fonte doutrinária o pensamento produzido pelo grupo de intelectuais neoconservadores, que tinham em Irving Kristol seu mentor. Vários deles ocuparam posições importantes no governo. Essa doutrina determinou as posições do governo Reagan, tanto em sua política interna, quanto em sua política internacional. No plano interno, a redução dos impostos e dos gastos governamentais e a desregulação dos mercados marcaram a materialização das ideias neoconservadoras adotadas por Reagan. No plano externo, o confronto geopolítico com a União Soviética, a questão da proliferação dos armamentos nucleares, o fim da Guerra Fria, com a queda da União Soviética, foram os grandes temas enfrentados.

Atravessando um período que pode remontar até à época da revolução e da conquista da independência, uma ideia de fundo esteve sempre presente na história norte-americana: a crença de que os Estados Unidos constituem uma excepcionalidade, um caso especial na história mundial de uma nação cuja riqueza e poder seriam acompanhados por uma integridade moral que lhe conferiria, especialmente naquele momento, um lugar único no concerto das nações, e uma legitimidade também única para agir como uma potência benigna no plano mundial. Esse imaginário cultural norte-americano podia ser percebido na forma como as decisões de política internacional foram tomadas por Reagan.

Até o governo anterior, toda a ação no plano internacional seguia a doutrina da *détente*, uma crença de que a melhor estratégia no plano internacional seria estabelecer uma distensão nas relações com a União Soviética por meio de uma aproximação política, que poderia evoluir para relações comerciais, evitando, assim, o risco de um conflito militar e até nuclear. No plano bélico, certo poder militar nuclear instalado em território de países aliados, geralmente próximo às fronteiras da União Soviética, seria suficiente para impor uma contenção aos soviéticos em seus objetivos de hegemonia militar e geopolítica na região da Europa. Na era Reagan, por sua vez, a posição americana se alterou para a imposição de uma política internacional com maior exibição de força, com os projetos de defesa do governo (como aquele do escudo aéreo, cuja tecnologia previa a destruição de mísseis disparados em direção ao território dos Estados Unidos, ou de seus aliados, ainda no ar, durante o percurso, antes que se aproximassem dos territórios protegidos, o que veio a ser conhecido popularmente como "guerra nas estrelas"), ou mesmo a pressão exercida sobre os soviéticos a partir da decisão de fabricar e instalar uma grande quantidade de mísseis nucleares nas regiões de fronteira, apontando para pontos estratégicos no território soviético. Essa política colocou grande pressão econômica sobre a União Soviética, que não fora capaz de suportar o volume de gastos militares para fazer frente à possível escalada bélica imposta pelos EUA. A incapacidade econômica soviética de fazer frente a essa pressão talvez tenha sido uma das causas do colapso da ex-superpotência e do fim do período da Guerra Fria. A doutrina neoconservadora conduziu o governo Reagan a essa resolução no plano internacional e lhe deu o suporte para as políticas internas de desregulamentação de mercados e redução da carga tributária e, também, para a rediscussão do sistema de assistência social construído no contexto da criação do *welfare state*, plataforma encampada pelos governos democratas que o antecederam.

A obra de Himmelfarb, de certa forma, reconhece em certo grau a excepcionalidade dos Estados Unidos. Os fundamentos da sociedade britânica, com sua relação entre moral e trabalho e, também, com a noção de virtudes sociais que foram produzidas na época em que o Iluminismo britânico se consolidou – o qual se deu de forma distinta daquele produzido na França –, foram trasladados para os americanos, os quais, depois, deram seu próprio encaminhamento no sentido de determinar o lugar dessas virtudes em sua sociedade, e na concepção política que veio a ser o fundamento da nação norte-americana. Himmelfarb o denomina como a "política da liberdade", descrevendo a forma particular de Iluminismo que os americanos (que é como a autora se refere a eles, mantendo o termo adotado nos séculos XVIII e XIX, quando a nação estava se consolidando) produziram. A exaltação que Himmelfarb faz da experiência americana em fundar sua república, serve como forma de justificar, no presente, os argumentos em favor da retomada desses valores, que seriam os alicerces para o enfrentamento de um tipo de sociedade, diferente daquela das origens da república americana, produzida pelo pensamento liberal democrata e que, no presente, se aproximaria muito mais do pensamento socialista e do racionalismo francês do que das raízes morais e culturais dos próprios americanos.

O esforço do grupo de intelectuais judeus de Nova York, que, nos anos 1960, tornaram-se uma importante força intelectual que entrou na batalha cultural a fim de criar alternativas ao pensamento produzido no clima da contracultura, gerou uma onda de produção acadêmica e de debate público de tal monta que provocou significativas mudanças no panorama cultural e político norte-americano, a ponto de entrar para o governo nos anos 1980 com Ronald Reagan. Entretanto, não se pode perder de vista que, do outro lado do Atlântico, também o Reino Unido entraria em um período paralelo de transformação, com a ascensão de Margaret Thatcher ao poder. A exaltação pública que Thatcher fez aos valores vitorianos que Himmelfarb consideraria mais adequado chamar de "virtudes" sempre vêm à tona, uma vez que a ideia de "valores" é moderna, mais adequada ao relativismo dos liberais socialistas e se concretiza na estrutura moral emergente nos EUA, marcada pelo enfraquecimento dos padrões morais no âmbito da vida pública. Algo de extrema importância a ser discutido, especialmente quando a autora evidencia o entendimento moral que preponderou no Iluminismo britânico e na formação da nação americana era de que este compunha a base da sociedade, pois derivaria de um senso moral inato nas pessoas, estabelecido e consolidado na prática da benevolência pública e das virtudes sociais, e não de uma construção social derivada de acordos forjados em torno de conceitos produzidos de forma abstrata e legitimados apenas por sua aparência de racionalidade e por sua imposição por meio de mecanismos políticos (particularmente, aqueles adotados pelos liberais socialistas que a autora criticava).

Os ambientes culturais e políticos, norte-americano e britânico, formam uma parte do contexto no qual se pode compreender a importância do tema para a autora e o momento da publicação do livro *Os Caminhos para a Modernidade*. Trata-se de uma retomada da história das duas nações, com um conhecimento mais rigoroso e aprofundado de suas raízes, produzindo entendimento e consciência melhores daquilo que ambas tiveram de particular, de único, de forma a exaltar a contribuição cultural, política e moral de ambas para o mundo. Reconhecer essas raízes e essa contribuição torna possível o debate sobre as condições contemporâneas. Mas, diferentemente do que a autora considera a característica das formas racionalistas de produzir política, ambas as histórias formam um passado concreto, de experiência vivida, e não de experimentos abstratos e utópicos, liberados da "tirania dos fatos" (como ela descreve o trabalho dos novos historiadores). É exatamente nesse momento que o seu amplo espectro de influências e de fundamentos intelectuais e acadêmicos, aliados à sua compreensão das questões morais, vão permitir à autora reconhecer essas particularidades dos Iluminismos britânico e americano, distinguindo-os do francês, para assim poder trazê-los ao plano da consciência pública, para que ingressem no debate público.

O momento histórico em que a autora publicou a obra, 2004, já configura um ambiente altamente complexo, uma vez que o mundo já contemplara o horror dos atentados ao World Trade Center e a chamada "doutrina Bush", a nova política internacional estava em andamento, com todas as implicações internas e externas que ela significava – para os norte-americanos e para o mundo todo. Foi também o momento em que o chamado pensamento neoconservador passou a ser responsabilizado pelo caminho adotado pelo governo dos EUA, mas que os neoconservadores da primeira geração não reconhecem como sendo sua ótica das questões internacionais envolvidas. Críticos literários chegaram a afirmar que o livro serviria como plataforma para justificação da política empreendida nos EUA por George W. Bush e no Reino Unido por Blair e Brown, o que talvez seja forçar a obra para uma direção diferente daquela a que ela aponta, dado que nem os próprios neoconservadores, como Himmelfarb, se alinharam ao governo do segundo Bush. Nem o presidente Bush, nem o Secretário de Defesa Donald Rumsfeld, tampouco a Secretária de Estado, Condoleeza Rice, poderiam ser considerados neoconservadores.[22] Para completar o quadro, a obra surgiu quando os neoconservadores passaram a olhar com mais atenção para a questão da religião no âmbito público (a família Kristol, inclusive, passou a frequentar uma sinagoga). A relação entre religião, moral e virtudes sociais teria ficado bem estabelecida nos capítulos de *Os Caminhos para a Modernidade* dedicados ao Iluminismo britânico, e também naquele dedicado ao americano, no qual os Fundadores levam em consideração que a Constituição americana seria produzida assumindo os valores morais alicerçados na presença da religião na consciência das pessoas, sendo esta a base sobre a qual as leis se ergueriam e que as sustentariam. Novamente, a discussão da religião no ambiente público não tem afinidade com as formas fundamentalistas que a direita cristã estava adotando, tampouco com o uso da religião no discurso de defesa da guerra, aplicado pelo governo Bush.

Sendo assim, levando-se em consideração as bases filosóficas da autora, sua compreensão histórica, sua reflexão moral, sua crítica política e cultural, diante de um contexto histórico que opera como o pano de fundo do pensamento desenvolvido no correr de décadas, desde as primeiras publicações até chegar àquela obra, nada mais adequado e útil do que um novo olhar sobre um passado não tão distante que, talvez, pudesse oferecer perspectivas frutíferas para se repensar o presente e o futuro, sendo este o efeito que mais claramente se pode esperar do livro *Os Caminhos para a Modernidade*.

[22] Murray Friedman, op. cit., p. 223.

4. UM ESTUDO DO LIVRO
OS CAMINHOS PARA A MODERNIDADE

O Iluminismo, como período histórico e como movimento intelectual, é um tema que se insere na própria ideia de construção da modernidade ocidental. Como tal, representou um momento em que as várias aspirações humanistas, emergentes desde o Renascimento, tomaram corpo em suas manifestações políticas e ganharam os espíritos por meio de toda a produção intelectual – filosófica, científica e artística – que estabeleceu a nova mentalidade ocidental. A confiança na racionalidade e a certeza oriunda das conquistas das ciências prometiam um mundo de liberdade, autonomia e progresso.

Quando se pensa em Iluminismo, é comum que se faça a imediata associação com o século XVIII na França, com os *philosophes* [filósofos] ocupando o papel principal, e a Revolução Francesa como sua concretização. Mas aquelas esperanças e promessas iluministas sofreram revezes e frustrações na história francesa, como é de conhecimento geral. Veja-se a política jacobina, o período do terror, o império e todas as idas e vindas do século XIX francês. Acrescente-se a esse panorama a reação dos filósofos românticos, especialmente alemães e ingleses, e também dos escritores franceses, contra o que passou a ser considerado um efeito perverso da modernidade, percebido na forma da desumanização das grandes cidades, na mecanização da vida causada pelo industrialismo em franca expansão, na brutalidade que a burocratização e a racionalização da vida começavam a impor, na perda dos sentimentos humanos por excelência, entre outras tantas críticas e temores que filósofos e artistas expressavam no decorrer do século XIX. No entanto, as críticas ao Iluminismo assim visto, e as formas de racionalidade diferentes daquela dos franceses, eram entendidas como uma reação contrária às conquistas alcançadas por estes. Todo crítico passou a ser descrito como um "anti" ou contrailuminista. Assim foi com franceses, com ingleses e escoceses, e também com os alemães. Mas seria mesmo o caso de todos os que pensavam de modo diferente dos franceses serem contrailuministas? Seria o Iluminismo um movimento restrito a uma época ou exclusividade dos franceses? Teria o Iluminismo sucumbido a toda a tradição que se dedicou à sua crítica?

Ao se lançar sobre essas questões, a historiadora Gertrude Himmelfarb encontra outras respostas. Fundamentalmente, dois aspectos se destacam na obra da historiadora: (1) o Iluminismo não teve uma forma única, portanto, não se restringiu ao que a França produziu; (2) as formas de Iluminismo distintas da francesa respondem de maneiras diferentes às críticas lançadas aos franceses e podem, inclusive, não ser atingidas por elas. Sendo assim, o Iluminismo poderia ser recuperado dessa situação de desgaste e da alegada superação de seus ideais. Talvez as formas diferentes de Iluminismo encontradas ainda tenham algo a dizer ao presente. Tais motivações é que levaram a autora a produzir seu estudo, como forma de recuperar o Iluminismo dos escombros em que foi deixado pelos franceses.

Himmelfarb propõe-se a recuperar o Iluminismo de diversas maneiras, mas uma em particular constitui seu principal objetivo: recuperá-lo das mãos dos franceses, isto é, demonstrar que o Iluminismo foi atribuído de maneira inadequada, ou associado quase que exclusivamente, aos franceses. A ideia de que o Iluminismo é originariamente francês é o equívoco que a autora pretende corrigir, e a contribuição dos ingleses na constituição desse movimento de importância mundial é o elemento que a autora quer trazer ao primeiro plano em termos históricos e filosóficos. Diz a autora que, assim, busca restituir o Iluminismo, "em grande parte, aos britânicos, que ajudaram a criá-lo" (p. 13).[1]

A atitude acadêmica tem sido de hostilidade ao Iluminismo, ao denominá-lo, em geral, como "projeto", o qual já teria se tornado obsoleto e produzido uma grande "desilusão" para a modernidade. Essa perspectiva da autora se enquadra num contexto em que a discussão do que constituiu a modernidade se desenvolveu na forma de uma feroz crítica ao período histórico no qual se inseriu o movimento iluminista, crítica motivadora da proposição da superação da modernidade e do reconhecimento da emergência de um novo ambiente sociocultural e econômico que, dada a incapacidade de enquadrá-lo em alguma categoria existente, foi denominado genericamente de pós-modernidade. Sendo assim, da mesma forma que o Iluminismo significara a superação do *ancien régime* [antigo regime] – para permanecer dentro da terminologia francesa – a pós-modernidade significaria a superação da modernidade.

Em seu texto, a autora se propõe a permanecer no campo da história das ideias, de forma a distinguir o que teria sido característico do Iluminismo nos três países que compõem seu escopo de investigação e que teriam sido profundamente afetados por esse movimento: França, Grã-Bretanha e Estados Unidos da América. Iluminismo, para a autora, configura o conjunto de ideias "acerca da razão e da religião, da liberdade e da virtude, da natureza e da sociedade" (p. 15). E essas ideias terão fundamentos, importância e expressões diferentes em cada um desses países. Sua capacidade de demonstrar essas distinções constitui o valor especial da obra, pois o Iluminismo será, então, conhecido em sua diversidade e naquilo que terá produzido de particular em cada um desses países, nos campos político, social e econômico (ou dos negócios, como diz a autora). Para Himmelfarb, estabelecer o lugar

---

[1] Todas as citações seguem a edição brasileira: *Os Caminhos para a Modernidade*. Trad. Gabriel Ferreira da Silva. São Paulo, É Realizações, 2011.

do Iluminismo britânico na história é mais do que simplesmente uma questão de fazer justiça no campo da historiografia. Trata-se, sobretudo, de, com o estabelecimento da anterioridade cronológica do iluminismo britânico em relação ao francês, estabelecer o que ele tem de único e reconhecer sua importância histórica, o que terá como resultado uma nova compreensão do fenômeno do Iluminismo em si mesmo.

Essa nova ideia do Iluminismo que emerge do texto de Himmelfarb é marcada por uma característica que ela considera fundamental na forma britânica de pensar, que é a ideia de "virtude". Se o Iluminismo francês coloca a razão como seu traço fundamental e prioritário, o Iluminismo inglês fará com que a virtude ocupe este lugar. Contudo, para os ingleses, as virtudes serão aquelas que aparecem no convívio social: a benevolência, a compaixão, a simpatia; "virtudes sociais", portanto. A partir desse traço fundamental é que se poderá devidamente apreciar a especificidade do Iluminismo britânico – sua distinção do Iluminismo continental e mesmo do americano – e apreciar a importância da ética social e o quanto esta se torna explícita, ou não, em cada uma das formas particulares de Iluminismo. Ficará evidente, a partir dessa perspectiva, a importância do aspecto religioso, em especial no caso britânico. Outra consequência da investigação e do objetivo proposto por Himmelfarb será a confirmação de que não houve um Iluminismo único, uniforme, mas vários, e com importantes distinções entre eles.

O processo de associação do conceito de Iluminismo aos franceses teria sido fortalecido por alguns fatores, como a *Encyclopédie*, que se propôs a ser uma compilação de conhecimentos, oferecendo-se como obra definitiva e universal, diferentemente da *Encyclopaedia Britannica*, que explicitava sua nacionalidade, e também a Revolução Francesa, que talvez seja o mais evidente entre os fatores que associam o Iluminismo à França. Mas, entre esses fatores, Himmelfarb indica o termo "iluminismo" como aquele que teria sido o mais decisivo. Lançado pelos franceses, o termo *Siècle des Lumières* [Século das Luzes] aparece já em 1733, seguido por Rousseau em 1750, e coube aos editores da *Encyclopédie* a consolidação de seu uso. Os alemães passaram a utilizar o termo "*Aufklärung*" a partir do texto de Kant publicado em 1784.² A Grã-Bretanha, ainda que vivesse socialmente a realidade do Iluminismo, não tinha um termo para ele. A autora indica que só em 1910 o termo se consolidou com a publicação da obra *The Philosophy of Enlightenment* [A Filosofia do Iluminismo].³

As características que vão distinguir os três tipos de Iluminismo, contudo, estão relacionadas às ideias que dominam o ambiente intelectual e social em cada um desses países e que, ao fim, vertem-se sobre o andar da história e produzem as realidades correspondentes a cada um. A autora explicita essas distinções por meio das expressões que utiliza para referir-se a cada uma delas: a França, que considera que a razão deve ser a suprema condutora da nova sociedade por eles sonhada, é abordada com o título de "ideologia da razão"; a Grã-Bretanha, que prioriza a importância do convívio social, representa a "sociologia da virtude"; e a América[4] é enfocada como fundamentada numa "política da liberdade".

Seguiremos os passos da autora e apreciaremos a abordagem do Iluminismo britânico em primeiro lugar.

O ILUMINISMO BRITÂNICO

É argumento constantemente repisado a afirmação de que não houve Iluminismo britânico, pois não se encontram *philosophes* na Grã-Bretanha. Himmelfarb toma esse argumento para mostrar que

---

[2] Immanuel Kant, "Resposta à pergunta: Que é 'Esclarecimento'?". In: *Textos Seletos*. Petrópolis, Vozes, 1985.

[3] Ver nota 32, p. 25

[4] Vamos seguir a decisão da autora de usar o termo "América" em vez de Estados Unidos, pois o primeiro foi a forma como os autores da época se referiam à nação.

essa é apenas mais uma indicação de que se procura o Iluminismo inglês tomando como modelo o pensamento dos franceses. Nada seria mais distante da realidade, segundo a autora. Os britânicos eram movidos por outros interesses e fundamentos. Entretanto, mesmo diante desse fato, os franceses reconheceram alguns britânicos como guias em seu próprio Iluminismo (p. 41), como foi o caso de John Locke (1632-1704) e de Isaac Newton (1643-1727), com os quais os próprios britânicos teriam uma relação, no mínimo, ambígua. A respeito de Newton, a grande admiração por suas realizações no campo científico, que lhe renderam reconhecimento e honra entre os britânicos, tinha como contraponto a desconfiança de muitos pensadores – como Alexander Pope (1688-1744), para quem a visão materialista da natureza não daria conta daquilo que seria próprio da natureza humana.

Já no caso de Locke, seu reconhecimento e sua admiração teriam vindo da obra política de Newton, mais do que da metafísica. Sua refutação das ideias inatas[5] o colocava em franca oposição à forte tendência que essa perspectiva impunha ao pensamento moral britânico. Basta pensar nos exemplos de Shaftesbury, com sua admissão de um senso moral que nos seria inato, natural como as demais afecções naturais, ou no caso de David Hume (1711-1776), que pensava em certas virtudes sociais, tais como a simpatia ou o sentimento de solidariedade, como arraigadas na sensibilidade humana (p. 43).

Na mesma perspectiva de Lord Shaftesbury (1621-1683) e visando defender as ideias deste, Francis Hutcheson (1694-1747) também afirmou que as "virtudes" e o "bem moral" são inatos, constituintes da natureza humana. Himmelfarb chama a atenção para o fato de Hutcheson ter enunciado pela primeira vez o princípio da "maior

---

[5] O filósofo John Locke propõe em sua obra que o entendimento é produzido a partir das sensações percebidas e que são processadas pela mente. A mente em si é, inicialmente, uma "tábula rasa", na qual as sensações e as ideias vão sendo gravadas com o tempo e com a experiência sensível. Sendo assim, sua posição é totalmente oposta àquela que admite um senso moral inato. J. Locke, "Ensaio sobre o Entendimento Humano". In: *John Locke*. São Paulo, Abril Cultural, 1983. (Coleção *Os Pensadores*)

felicidade para o maior número", o qual seria, mais tarde, proposto e tornado fundamento filosófico e moral, tanto pelo francês Claude--Adrien Helvetius (1715-1771) quanto pelo britânico Bentham, do que viria ser a grande escola do utilitarismo. Mas o destaque de Himmelfarb refere-se ao fato de Hutcheson ter deduzido esse princípio da mesma moralidade, e não do cálculo racional do benefício, como o farão Helvetius e Bentham. O senso moral é anterior à razão porque é universal nos homens. Os sentimentos de benevolência, compaixão e solidariedade ocorreriam mesmo antes de a razão entrar em cena nas ações humanas no campo social. Himmelfarb aponta que esses são os elementos que conformaram o pensamento britânico, tanto moral quanto filosoficamente durante o século XVIII. E essa característica britânica vai apontando para o que lhe é particular e como ele se distinguirá claramente do pensamento francês, tornando nítidas as diferenças entre o Iluminismo que cada um produziria.

Ninguém menos que David Hume foi partidário dessa concepção sobre a origem da moral nos sentimentos humanos,[6] não porque os considerasse inatos, mas por perceber, a partir deles, uma tendência humana, cujo efeito seria similar ao inatismo, tendência que estaria mais do que confirmada pela experiência, e que se manifestaria na forma de uma busca pelo bem público e nas ações embasadas nas virtudes sociais.

A obra, no entanto, que talvez tenha exercido a maior influência na consolidação dessa doutrina foi o livro de Adam Smith, *Teoria dos Sentimentos Morais*, de 1759. O autor, que hoje é mais lembrado por

---

[6] O filósofo escocês David Hume aborda essa concepção da origem da moral nos sentimentos em dois de seus principais textos: *Tratado da Natureza Humana* e *Investigação Sobre os Princípios da Moral*. Suas posições estão de acordo com a epistemologia do termo, que afirma que aquilo que chamamos de relações lógicas sobre as quais construímos nosso conhecimento são apenas fruto do hábito, gerado pela repetida experiência de regularidades na natureza. A moral seria também produzida pela experiência comum, coletiva, e não por alguma capacidade da razão. Davaid Hume, *Tratado da Natureza Humana*. São Paulo, Editora da Unesp, 2009; e *Investigações Sobre o Entendimento Humano e Sobre os Princípios da Moral*. São Paulo, Editora da Unesp, 2003.

sua outra obra *A Riqueza das Nações*, em sua época foi reconhecido principalmente pelo primeiro livro.

Na mesma ideia de sentimento moral, Smith reafirma que a moral deriva em primeiro lugar do sentimento que é inerente ao ser humano e que o aproxima dos seus semelhantes. De uma forma que lembra a noção aristotélica de virtude, Smith aponta que "restringir nossos afetos egoístas e favorecer nossos afetos benevolentes constituem a perfeição da natureza humana". Assim, o exercício dessas virtudes morais expressas na forma dos afetos positivos conduz o ser humano à plena realização de sua natureza, e também em seu benefício. A razão vai dar a expressão das regras morais, mas a percepção do certo e do errado nasce antes, no plano dos afetos virtuosos. Mais uma vez, um britânico fundamentou a moral de forma oposta aos seus pares franceses.

Himmelfarb também avalia o papel da religião para os filósofos britânicos. Tal qual a razão, a religião ocupa um papel secundário no que diz respeito ao esquema moral desses filósofos. A fonte da moralidade seria encontrada fora da religião, na religião natural, e a ortodoxia religiosa seria chamada a ser uma aliada da moralidade (p. 57). Em todos esses casos, a distinção do Iluminismo francês se faz patente mais uma vez, pois aquela hostilidade típica dos *philosophes* está ausente em relação à religião, bem tipificada na frase adotada por Voltaire (1694-1778) como uma espécie de assinatura: *Écrasez l'infâme* [Esmagai o infame].

Pode-se observar essa atitude própria dos britânicos na figura de um Newton, cuja religiosidade tornou-se notória por sua crença em Deus expressa na ideia de um arranjo providencial do universo, bem como em seu esforço de ajustar a Bíblia aos cálculos astronômicos. E também em David Hume, considerado um dos grandes céticos de seu tempo, por causa de sua crítica às formas dogmáticas de conhecimento e às crenças da razão (como no caso da impressão de que haveria leis causais intrínsecas aos fatos empíricos observados na natureza, como, por exemplo, a relação lógica da causalidade),[7] que teria sido, na verdade, no máximo um agnóstico, se não um deísta, pois aparentemente considerava a possibilidade de um desígnio inteligente para o universo.[8] Para os britânicos, como relata Edward Gibbon (1737-1794), Hume tinha religião de menos, para os franceses, tinha demais![9]

No outro lado do espectro do pensamento moral britânico, Himmelfarb coloca o bispo Joseph Butler (1692-1752), talvez o menos cético dos filósofos daquela geração. O bispo Butler considerava Deus como o último fundamento da moralidade, discordando da atribuição da moral a algum senso inato ao homem. O Deus que era responsável pelo desígnio inteligente do universo também participaria ativamente neste. Sendo assim, nem o amor próprio nem a razão seriam capazes de oferecer as bases para a moral; essa base somente poderia ser dada e sustentada pela religião, por Deus. De forma um tanto distinta, mas dentro do mesmo patamar, Himmelfarb coloca Hutcheson, que não derivava o senso moral de Deus, mas, em vez disso, derivava Deus do senso moral, reconhecendo a benevolência universal de Deus. Tampouco Adam Smith nutria alguma hostilidade em relação à religião. Ao contrário, demonstrando uma tolerância afável com a religião, Smith chegou a considerá-la uma aliada natural da moralidade inerente ao homem (p. 62).

Himmelfarb cita uma passagem da *Teoria dos Sentimentos Morais*[10] em que Smith propõe ter a religião sancionado as regras da moralidade muito antes de a filosofia surgir no cenário da história.

Percebe-se assim, em Adam Smith, uma crença no papel da religião tanto como sancionadora da moral quanto em sua função social, como promotora da convivência pacífica e respeitosa. Como

---

[7] David Hume, *Investigações Sobre o Entendimento Humano*, op. cit.

[8] Idem, *História Natural da Religião*. São Paulo, Editora da Unesp, 2005, p. 21.

[9] Gibbon *apud* Himmelfarb, *Os Caminhos para a Modernidade*, op. cit., p. 60.

[10] Adam Smith, *Teoria dos Sentimentos Morais*, op. cit., p. 198.

Himmelfarb aponta, Smith entendia esses aspectos positivos como características não apenas da religião natural, ou da religião estabelecida, mas também os via nas religiões dissidentes, nas seitas, as quais eram capazes de inspirar uma moralidade mais austera e restrita.

O panorama assim exposto por Himmelfarb deixa evidente o que a autora veio sinalizando desde o princípio do capítulo, a saber, que o Iluminismo britânico marcou uma de suas mais claras distinções com sua contraparte francesa na relação com a religião. Como aponta Himmelfarb, citando o historiador recente J. G. A. Pocock (1924-), "não havia na Inglaterra um clamor público sobre '*Écrasez l'infâme*' porque não havia *infame* a ser esmagado" (p. 72). A presença da religião na sociedade britânica nesse período era de outra natureza. O projeto iluminista de sobrepujar a religião era desnecessário, dada a ausência de um papa, de uma inquisição, de um sacerdócio monopolizado e da Ordem dos Jesuítas, que foram expulsos de países como a Espanha. Por esse conjunto de razões é que se pode entender o caráter reformista e não revolucionário da filosofia moral britânica. Como haveria de notar Montesquieu (1689-1755) e, mais tarde, Tocqueville, a Inglaterra teria conseguido algo que nenhum deles havia visto em qualquer outro lugar da Europa, que era a capacidade de um povo equilibrar três valores fundamentais: a religião, o comércio e a liberdade (p. 73), dando o devido valor tanto às virtudes públicas quanto às de natureza privada. Essa foi uma das grandes marcas do Iluminismo britânico, cujo espírito já se havia definido, enquanto o francês ainda tomava corpo e forma.

Economia política e sentimentos morais

Ao considerar o papel de Adam Smith no Iluminismo britânico, tem sido frequente separar o autor da *Teoria dos Sentimentos Morais* daquele de *A Riqueza das Nações*. Mas Himmelfarb vê perfeita coerência entre o filósofo moral e o economista político; vários dos elementos de *A Riqueza das Nações* (1776) já estariam presentes em *Teoria dos*

Sentimentos Morais (1759). A autora faz um balanço de alguns dos principais críticos da obra de Smith mostrando como as impressões eram díspares: alguns autores viam certa coerência, percebendo que *A Riqueza das Nações* seria uma obra em que a economia tem um caráter moral; já outros consideravam que a obra de economia refutava as ideias morais ou, ao menos, retirava da teoria econômica os aspectos morais da primeira obra.

Uma das ideias mais conhecidas de Smith é aquela da "mão invisível" que regularia as relações no livre mercado por meio do encontro dos diversos interesses individuais, resultando no equilíbrio "natural" entre eles. Uma das críticas a essa ideia seria a de que ela traria muita liberalidade ao indivíduo, o que seria uma forma de sancionar as ações daqueles que tinham vistas apenas ao interesse próprio, não sendo, assim, apropriada à promoção do interesse de uma coletividade. Essa ideia, que é em geral citada a partir de *A Riqueza das Nações*, já estava presente na *Teoria dos Sentimentos Morais*, com a mesma forma e o mesmo sentido.[11]

Contudo, o conceito de Smith caminha, antes, na direção do encontro dos múltiplos interesses individuais, o que seria a forma mais segura de promover o bem coletivo, materializado no incremento da riqueza da nação, entendida aqui como o povo que a compunha, como as pessoas que "vivem e trabalham na sociedade" (p. 82). A riqueza desse povo é que seria aumentada a partir de uma política econômica que privilegiasse a liberdade. Smith já era da opinião de que o aumento da riqueza individual (salários mais elevados) seria um fator de estímulo ao maior envolvimento com o trabalho, o que teria como consequência o aumento geral da riqueza de todos.

Himmelfarb destaca que, para Smith, a busca de melhoria de vida em uma economia mercantilista faz parte de uma visão que valoriza a liberdade acima de tudo e em seus diversos aspectos: não apenas

---

[11] Adam Smith, *Teoria dos Sentimentos Morais*, op. cit, p. 226.

a liberdade econômica, mas também civil e religiosa (p. 91). A liberdade seria, assim, o maior estímulo ao comércio.

Junto a essa defesa da liberdade como o princípio fundamental de sua economia política, Smith destacaria o efeito civilizatório que "o comércio e a manufatura" exerceriam sobre os povos, aparecendo também em seus aspectos moderador e pacificador, produzidos pela introdução do sentido de ordem e de bom governo que o comércio traria consigo (p. 91).

O destaque de Himmelfarb, porém, vai para aquele que ela considera o aspecto mais importante, mais "memorável", da economia política de Adam Smith, que é o caráter democrático. A economia, na forma como Smith a via, como era o caso do comércio, tinha como efeito positivo a liberação dos pobres de sua dependência em relação aos ricos. Smith não utilizava a divisão de classes, mas partia de uma estrutura baseada na origem da renda obtida e, nesse sentido, os trabalhadores não seriam a classe inferior, mas a intermediária, pois seriam os parceiros mais diretos no empreendimento econômico, de tal forma que jamais se poderia violar o sagrado direito de propriedade deles sobre seu trabalho. O comércio também é visto como um impulso natural, o que o tornaria um traço elementar e "comum a todos os homens" (p. 92), e que faria do trabalhador um ser moral, da mesma forma que os sentimentos morais formavam a base de uma sociedade boa e justa.

A noção preponderante em Smith sobre a natureza humana seria a da igualdade, não a política ou econômica, tampouco a social, mas uma igualdade básica entre os homens, os quais, por meio da educação (que afirmação audaciosa!) poderão se tornar, inclusive, filósofos! Smith e Hume afirmam essa igualdade natural e se põem em direta oposição a Locke, que admitiria a natural desigualdade entre os homens. Por ironia, justamente Locke, um dos filósofos considerados pelos *philosophes* como um dos pilares de seu próprio Iluminismo. Por outro lado, faz mais sentido ver Locke nessa posição, pois alguns dos grandes *philosophes*, como Voltaire ou Diderot, jamais se veriam iguais, ou mesmo comparáveis, a um mero carregador, que é o exemplo que Smith usa para equivaler a um filósofo quanto à igualdade natural entre os homens. Mais uma das grandes diferenças entre os dois Iluminismos.

Edmund Burke

Himmelfarb discute a inserção de Edmund Burke[12] entre os iluministas, o que se mostrou um tema controverso, dado que muitos estudiosos de sua obra o consideraram um crítico do Iluminismo.

À diferença de um Isaiah Berlin[13] (1909-1997), que classificava Burke entre os contrailuministas, Himmelfarb argumenta em favor da visão de um Burke crítico da Revolução Francesa, e não dos princípios iluministas de um Adam Smith. A crítica de Burke, de acordo com o que Himmelfarb levantou nos seus escritos e na sua reputação, em seu tempo, se dirigiria da mesma forma à atitude colonialista que os britânicos haviam adotado na Índia. O erro estava na politização do comércio, o que fazia com que se eliminasse a concorrência comercial que teria protegido os indianos contra os abusos e a ganância concretizados na forma de um monopólio sancionado pelo governo britânico (p. 107).

Burke não teria produzido uma comparação entre as revoluções americana e francesa, como teriam desejado os historiadores. Mas sua

---

[12] Edmund Burke nasceu em Dublin, mas transferiu-se para Londres a fim de estudar Direito e desenvolver sua carreira literária e política, tendo obtido assento na Câmara dos Comuns de 1765 a 1794. O pensamento e a prática política de Burke são marcados pelo ceticismo e por uma profunda desconfiança do racionalismo político. A obra que o tornou reconhecido foi *Reflexões Sobre a Revolução na França*, que já teve várias edições publicadas no Brasil.

[13] Isaiah Berlin, o renomado filósofo e historiador das ideias britânico, teve como um de seus principais temas de investigação a liberdade, sobre a qual produziu um de seus textos mais conhecidos, "Os Dois Conceitos de Liberdade", dentro de sua coletânea *Estudos Sobre a Humanidade*. Trad. Alda Szlak. São Paulo: Companhia das Letras, 2002. Aí também se encontra o artigo "O Contra-Iluminismo", em que se podem encontrar argumentos nesse sentido.

posição era francamente favorável aos revolucionários americanos, até mais do que Adam Smith. Sua atitude era de afirmar a necessidade de uma política prudente por parte da coroa britânica em relação aos americanos que, como descendentes dos ingleses, prezavam sobretudo a liberdade, não uma liberdade vaga e teórica, mas concreta, cotidiana, tanto política como social e econômica.

Já quanto aos franceses, a posição de Burke tomou outros contornos. Se Burke não comparou a Revolução Francesa com a americana, ao menos o fez em certa medida com a Revolução Gloriosa, de um século antes. Himmelfarb destaca que em Burke a revolução inglesa procurou produzir estabilidade e, assim, prevenir a ocorrência de novas revoluções. Para isso, ela produzira uma declaração de direitos britânica que equilibrava os direitos e as liberdades do sujeito com a sucessão da coroa. Essa solução seria fruto da experiência britânica de possuir uma herança como povo, uma experiência coletiva que era formadora do caráter dos britânicos. Conservar uma herança seria o equivalente a preservar os direitos inalienáveis dos ingleses. Quanto aos franceses, eles não teriam essa "linhagem (*pedigree*) de liberdades", isto é, a preservação do direito hereditário como forma de preservar a liberdade não estaria na experiência dos franceses como povo. Os franceses prefeririam demolir o que tinham de incompleto e construir novas estruturas de direito (p. 115).

Himmelfarb cita uma frase muito significativa de Burke, marcando a diferença entre a forma de proceder dos revolucionários franceses e a dos ingleses: "Onde os revolucionários falavam de 'direitos' e 'razão', Burke invocava 'virtude' e 'sabedoria'" (p. 116). Ao falar de virtude e sabedoria, Burke estaria invocando um tipo de pensamento e prática política que não se deixariam levar por ideias utópicas, fruto de uma construção racional, que nada tivessem de enraizamento ou conexão com a vida concreta e com os sentimentos e imaginações morais, que sustentariam a prudência nas ações no âmbito da vida em sociedade. Por essa mesma linha de raciocínio,

Burke iria produzir algo de notório, como destacou Himmelfarb, que é a sua defesa da noção de "preconceito". O elogio do preconceito[14] significa a admissão de que há nele uma racionalidade própria, intrínseca, uma "sabedoria latente", como destaca Himmelfarb (p. 116). Preconceito, nesse contexto, tem o sentido de sentimentos e hábitos virtuosos (porque gerados pelos sentimentos morais), adquiridos na experiência coletiva contínua no tempo, distinguindo-se dos conceitos produzidos apenas pela razão. Diante da necessidade de agir, especialmente em situações de emergência, isto é, nas quais não haveria tempo para a deliberação e para a escolha racional, a ação será possível, pois a hesitação (pode-se deduzir: empírica e moral) será superada por aquilo que já estiver assimilado como hábito, e, dessa forma, as virtudes e a sabedoria, incutidas na forma do "preconceito", traçarão a rota segura de ação. O sentido de preconceito toma assim uma conotação diversa daquela que habitualmente lhe é aplicada, mas isso ocorre por conta do fundamento do preconceito nos hábitos virtuosos produzidos pelo sentimento e pela imaginação moral que Burke opera. A mesma imaginação moral que estaria na base do que ele denomina *chivalry* [cavalheirismo], uma virtude pública que teria desaparecido com a Revolução Francesa, como se poderia ver bem, segundo Burke, no evento da invasão dos aposentos da imperatriz Maria Antonieta que, praticamente seminua, fugia da multidão furiosa. Esse exemplo está no centro da crítica de Burke à Revolução Francesa, que teria produzido uma degradação moral no povo exatamente pelo fato de não ter se tratado de uma revolução política, mas, sim, de uma revolução moral, uma revolução nos sentimentos, que agora estavam desenraizados da moral

---

[14] Uma perspectiva muito prolífica que foi retomada recentemente por Theodore Dalrymple em seu livro *Em Defesa do Preconceito*. Trad. Maurício Righi. São Paulo, É Realizações, 2015. Outros livros do autor publicados no Brasil são: *Vida na Sarjeta*. Trad. Márcia Xavier de Brito. São Paulo, É Realizações, 2014; *Nossa Cultura... Ou o Que Restou Dela*. Trad. Maurício Righi. São Paulo, É Realizações, 2015; *Podres de Mimados*. Trad. Pedro Sette-Câmara. São Paulo, É Realizações, 2015.

e escorados na razão especulativa e metafísica. Se o cavalheirismo havia significado um polimento nos modos e uma suavização do poder, a emergência da razão revolucionária traria uma reviravolta nos "sentimentos, costumes e nas opiniões morais" (p. 121), conforme a citação de Burke referida por Himmelfarb. E essa reviravolta foi notada por Burke, de tal forma que lhe permitiu prever o ataque da revolução à religião e a dinâmica do Terror, que marcaria indelevelmente a Revolução Francesa.

Conforme afirma Himmelfarb, a grande contribuição de Burke teria sido fazer da imaginação moral a base não apenas das virtudes sociais, como já haviam feito os filósofos morais, mas, principalmente, da própria sociedade e, por consequência, do próprio governo. Por essa razão, a leitura que Burke faz da Revolução Francesa o conduziu às previsões que fez e que, mais uma vez, tornaram nítidas as diferenças entre o Iluminismo britânico e o francês.

O Iluminismo britânico e a religião

Talvez uma das proposições de maior impacto em *Os Caminhos para a Modernidade* seja a que Himmelfarb faz ao afirmar que a religião desempenhará um papel fundamental no Iluminismo britânico, sendo notadamente o Metodismo a sua expressão concreta.

O Metodismo foi um movimento religioso surgido na Inglaterra, na primeira metade do século XVIII, promovido pelos irmãos Wesley, mas sobretudo por aquele dos dois ao qual o nome metodismo ficou indelevelmente associado: John Wesley (1703-1791).

O Metodismo, como ficou conhecido o movimento de Wesley, estava inserido em um período de grande efervescência religiosa na Inglaterra, especialmente nos grupos externos à Igreja da Inglaterra. Essa efervescência é designada por estudiosos como um grande "avivamento" – e Himmelfarb nele se inclui –, no sentido de uma efusão espiritual de corte pietista nesses movimentos, que se seguiu a um período de grande dificuldade econômica na Inglaterra. As características teológicas do Metodismo se alinhavam por certa mescla de elementos da dogmática evangélica (tanto dos evangélicos ingleses, como em parte com os evangélicos luteranos), sendo seus princípios fundamentais a busca da salvação da alma pela graça divina e pelas boas obras, seguindo "o método exposto na Bíblia" – como foi definido no *Complete English Dictionary* (1753) –, princípios esses que estavam arraigados numa profunda experiência pessoal com Deus. John Wesley ficou famoso por sua grande capacidade oratória, e suas pregações eram acompanhadas por milhares de pessoas. O Metodismo também alcançou a América, e lá exerceu grande influência religiosa e social, da mesma forma como tinha ocorrido na Inglaterra, onde se originou. Apesar de ser um movimento autônomo que seguia as diretrizes de John Wesley, e constituído na forma de uma grande rede de pregadores leigos e grupos espalhados pelo país, depois incluindo Irlanda e Escócia, Wesley não permitiu o seu desligamento da Igreja da Inglaterra. Enquanto esteve vivo, não houve uma Igreja Metodista. Apenas após sua morte, quando a Conferência de pregadores assumiu o comando do movimento, é que foi constituída a Sociedade Metodista que, mais tarde, veio a se tornar a Igreja Metodista na Inglaterra. Na América, porém, foi permitida pelo próprio Wesley a formação da Igreja Metodista, com a condição de que esta jamais se desligasse do movimento na Inglaterra. Apesar da distinção que mais tarde surgiu na forma de organização e de governança entre as igrejas da Inglaterra e da América, o elemento mais forte se manteve, que foi o *éthos* estabelecido por Wesley.

O Metodismo foi recebido por uma parte dos estudiosos e filósofos com grande reserva e com muitas críticas, que se dirigiam às suas inconsistências teológicas, passando por uma alegada ausência de racionalidade, e chegando até mesmo a ser acusado de servir aos poderosos e à dominação das classes trabalhadoras. Em síntese, esses críticos viam o Metodismo como uma espécie de antítese do Iluminismo. Uma das maneiras de fazer essa crítica era por meio da afirmação de que o Metodismo seria "anti-intelectual" (p. 154), marcado por uma ausência de racionalidade e uma forte disciplina moral, cuja última finalidade seria manter a "disciplina do trabalho" (p. 155).

Embora Wesley fosse visto por seus críticos como não participante da força do Iluminismo, Himmelfarb destaca outros autores, por exemplo, o historiador americano Bernard Semmel (1918-2008), que trariam Wesley para dentro do Iluminismo dos filósofos morais britânicos (ibidem).

Algumas das características dos metodistas ajudam a compreender essa nova luz sob a qual eles são vistos pela autora. Os metodistas adotavam uma atitude de grande tolerância religiosa, não eram fanáticos e seu credo era derivado de uma mescla de doutrinas do livre-arbítrio (arminianismo), graça divina e salvação universal. Mas mesmo essa doutrina não tinha um caráter vinculante, sendo exigido do fiel o desejo de salvação, o que significava dar grande valor à liberdade de consciência. Também fazia parte do *éthos* dos metodistas algo muito próprio da filosofia moral britânica, que era o reconhecimento de um senso moral (Hutcheson) semelhante ao que Wesley chamaria de "senso interno" ou "consciência" (p. 156). Esse senso capacitava os homens a ter satisfação com a felicidade dos outros. Aliado à pregação livre empreendida por Wesley, esse senso interno fez com que as portas das igrejas anglicanas se fechassem para o pregador e, com isso, ele passou a se dedicar à classe mais pobre e desvalida, não atendida pela igreja oficial. Esse alinhamento com a pobreza e o forte senso de Wesley de que o cristianismo era uma religião eminentemente social produziram uma visão do "pobre" como sendo alguém capaz de melhorar de vida, e que isso se daria por meio do ambiente de conexões sociais cristãs promovidas pelo Metodismo. Isso seria possível dado que, para Wesley, o papel da religião seria incutir a moralidade e que esta produziria atitudes benéficas, como a diligência (esforço) que levaria à aquisição de riqueza. Porém, ao mesmo tempo, a moralidade era pautada pela pregação de Wesley, que propunha: ganhe o máximo que puder, guarde o máximo que puder, doe o máximo que puder. Essa pregação era acompanhada pela proibição de Wesley da usura, que apontava para um aspecto pré-capitalista, mas visava proteger a religião da corrupção produzida pela riqueza. Essas boas atitudes de doação e boas obras individuais eram também acompanhadas por muitas iniciativas de cunho coletivo, como a fundação de hospitais, orfanatos, bibliotecas, etc. Os metodistas tiveram ainda um importante papel no combate à escravidão, afirmando a igualdade universal entre os homens. As escolas metodistas, vistas como excessivamente rigorosas com as crianças, eram entretanto consideradas como um privilégio por muitas famílias, que queriam enviar seus filhos para estudar nelas. Também a atitude metodista com relação às mulheres era a mesma, pois muitas ocuparam posições hierárquicas idênticas às dos homens, além do fato de elas constituírem mais da metade da comunidade metodista.

De forma geral, pode-se ver que a crítica ao Metodismo segundo a qual o movimento pouco se preocupava com a educação dos pobres, foi desmentida pela grande quantidade de publicações que os metodistas produziram. O currículo das escolas, definido por Wesley, incluía uma grande diversidade de disciplinas, como uma pequena gramática, tratados sobre medicina, história natural, versões resumidas de Shakespeare e de outros clássicos da literatura e da filosofia, bem como traduções de clássicos da teologia.

Esse enorme esforço de edição e publicação de materiais escritos, dirigido aos vários níveis de educação da grande comunidade, constituiu, segundo Himmelfarb, "uma espécie de Iluminismo para o homem comum" (p. 163). O próprio Wesley citava, e às vezes criticava, autores como Hume, ou Locke, por quem nutria certa simpatia. Sendo assim, sua missão se voltava para a "edificação intelectual e moral" dos pobres. A razão, para ele, seria necessária para evitar os perigos e os excessos do emocionalismo que se manifestava no seio das denominações cristãs. Um cristão jamais poderia abdicar da razão.

Himmelfarb faz notar que o Metodismo foi um poderoso estímulo à mobilidade social, pois, apesar de formalmente hierárquico e defensor da autoridade, o movimento era, em espírito e em atitude, muito democrático. Diferentemente da predestinação calvinista, os metodistas adotavam uma ética e estimulavam o autoaperfeiçoamento contínuo, de forma que os que agora eram alunos almejassem se tornar mestres para ajudar a ensinar outros. Himmelfarb aproxima, desse modo, o Metodismo daquele que viria a ser o *éthos* característico do puritanismo, que valorizava as virtudes da parcimônia, da diligência, da temperança, da honestidade e do trabalho. Assim, a ajuda a si mesmo tinha como correlato a ajuda ao próximo.

Como destaca a autora, o historiador Bernard Semmel descreveria o Metodismo como uma revolução que seria a contrapartida inglesa da revolução democrática atribuída aos franceses (p. 167). De certa forma, como veremos ainda no pensamento de Himmelfarb, o Metodismo é visto como um dos responsáveis por entregar, na prática, aquilo que o Iluminismo francês prometera e teria sido incapaz de cumprir.

Uma característica da filosofia moral britânica é associada claramente a uma manifestação social que a autora analisa no capítulo "A Era da Benevolência". Se a filosofia moral britânica é marcada por termos fundamentais como "senso moral", "sentimento moral", "virtudes sociais", "simpatia", "compaixão", nada mais natural do que encontrar a expressão concreta desses conceitos e ideias em práticas sociais que emergiram e se alastraram nessa época.

A autora avalia como esse *éthos* social se concretizou nos movimentos e iniciativas filantrópicas tão característicos dos britânicos nesse período. Desde Shaftesbury, encontra-se essa noção de que o ser humano é equipado com um sentimento, ou senso moral, que o capacita a viver em sociedade e de que lhe é natural buscar o bem do outro. Himmelfarb identifica como esse *éthos* foi incorporado, por exemplo, pelos filantropos que começaram a agir não apenas na Inglaterra, mas também indo para a Europa continental. Depois, houve o surgimento de muitas associações com focos diversificados de atuação, mas voltados à prática da caridade, ao cuidado da saúde dos pobres, da educação, entre outras iniciativas.

Essas ações se ampliaram ao ponto de atingir a atuação do Estado, passando a estabelecer normas legais para o saneamento básico e a pavimentação de ruas em regiões pobres, associadas ao cuidado dispensado aos recém-nascidos e crianças, o que trouxe, como exemplo de resultado, a redução da mortalidade infantil em crianças com menos de 5 anos, de 75% para algo em torno de 40% no final do século XVIII.

A alfabetização e a educação básica das classes mais pobres deixaram de ser objetadas e passaram a ter defensores, tendo sido encampadas dentro do movimento anglicano e também metodista das Escolas Dominicais. A educação vinha acompanhada do estabelecimento de fortes sentimentos comunitários. Às ações filantrópicas de indivíduos, das igrejas e do Estado, somaram-se as iniciativas dos próprios cidadãos das classes mais pobres, que criaram associações de amigos que recebiam contribuições desses cidadãos e que eram usadas para custear despesas de saúde, de funerais, e outras situações de emergência. A autora menciona que, em 1801, estimava-se que havia 7,2 mil sociedades desse tipo, com um número de membros em torno de 650 mil homens adultos, o que alcançaria uma população total de cerca de 9 milhões de pessoas.

Sendo assim, a chamada "Era da Benevolência" talvez incorpore e represente de maneira muito clara e concreta a diferença entre o Iluminismo britânico e o francês. Como diz a autora, se a benevolência e a Era da Benevolência seriam aspirações muito mais modestas do que a razão e a Era da Razão, por outro lado, sua capacidade de produzir resultados práticos em favor dos seres humanos a aproximaria muito mais da ideia de um avanço do espírito humano e da consciência, como quisera Diderot.

O ILUMINISMO FRANCÊS COMO "IDEOLOGIA DA RAZÃO"

Na perspectiva de Himmelfarb, o Iluminismo francês tem como característica dominante a valorização suprema daquilo que os franceses compreendiam como "razão". Essa posição especial da razão, com os efeitos sobre noções como liberdade, por exemplo, ou sobre a compreensão da religião, colocariam os *philosophes* numa posição muito diferente da dos filósofos morais britânicos. Os *philosophes* tenderiam a adotar a função de teóricos sobre as muitas questões da vida dos franceses, mas pouco estariam afeitos à realidade concreta em que tais conceitos se aplicariam. Já os britânicos teriam como *modus operandi* a proximidade com os responsáveis pela administração do governo, obtendo com isso a aproximação entre teoria e prática, e a possibilidade de manter contínua revisão de uma em razão da outra.

Como vimos anteriormente, essa atitude dos *philosophes* foi concretizada na *Encyclopédie*, que era a maior expressão do Iluminismo francês. Novamente, ao comparar o projeto e as pretensões da *Encyclopédie* com o *The Federalist* dos americanos, ficará nítida a distinção entre os tipos de Iluminismo. Enquanto a *Encyclopédie* se propunha a compendiar o conhecimento disponível no mundo, o *The Federalist* tinha um objetivo muito mais modesto, mas um efeito concreto muito mais visível.

Himmelfarb fará notar o quanto a valorização da razão, acima da experiência e do sentimento, seria fundamental para estabelecer as características próprias do Iluminismo francês e como este se relaciona com a religião, com a liberdade, com o poder, com o povo, com a educação popular e com a revolução. Em cada um desses aspectos, mediante a preeminência da razão, segundo o conceito que os iluministas franceses tinham desta, marcam-se algumas poucas semelhanças e as muitas diferenças com os ingleses.

No campo da religião, o Iluminismo francês adotou uma posição marcadamente crítica, sobretudo porque, para os franceses, a religião tem no catolicismo a sua encarnação mais forte e poderosa e, por isso, por representar aquilo que os *philosophes* consideravam o atraso, o tradicional, o elemento que se opunha ao espírito do século das luzes, era o elemento a ser combatido. Por esse motivo, Voltaire, o principal crítico do catolicismo e da Igreja, passou a assinar suas correspondências com a frase que ele pensava representar sua atitude de *philosophe*: "*Écrasez l'infâme*". Obviamente, a infame era a Igreja Católica. Sabe-se, porém, que Voltaire não era ateu, mas um deísta, isto é, alguém que acreditava que a ordem natural era divina e com ela se confundia, pois a inteligência fundadora da natureza se revelava por essa mesma ordem, a qual não seria fruto do acaso, mas de uma causa inteligente, de um desígnio. Em contraste com Voltaire, havia Holbach (1723-1789), que era absolutamente ateu, assim como d'Alembert (1717-1783). Porém, o deísmo de Voltaire era o de um *philosophe*, e isso significava conceber a religião como fruto da estupidez das "ralés", que dela necessitavam para conseguir viver de uma forma minimamente civilizada. Havia entre os *philosophes* a concepção de que a religião teria uma função social de contenção e ordenamento para as classes pobres, dado que estas seriam incapazes de conceber racionalmente um mundo ordenado e governado. Como se pode constatar, o maior legado do Iluminismo francês, no campo das discussões com a religião, foi um grande anticlericalismo.

As relações que os *philosophes* estabeleceram entre razão, liberdade e poder não seriam tão claras, ou tão nítidas, quanto se poderia esperar. Mas a expressão livre de suas ideias se dava em meio a certo confronto com as leis, e algumas formas de censura pública serviram, por fim, para acrescentar publicidade a muitas de suas obras, tornando-as sucessos editoriais. Ainda mais ambígua era sua relação com a estrutura do poder. A obra de Montesquieu, tão bem recebida pelos americanos no *The Federalist*, foi contestada e mesmo rejeitada pela maioria dos *philosophes*.

As reservas que alguns desses *philosophes* demonstraram com relação ao poder absoluto dos déspotas esclarecidos não surgiram porque desejassem liberdade e autonomia política por meio de soluções como a de Montesquieu, que propunha a separação dos poderes, mas porque eles não acreditavam que fosse comum a junção em uma única pessoa das virtudes que constituiriam um déspota esclarecido. A preferência pelo déspota esclarecido, destaca Himmelfarb (p. 208), estaria fundada na esperança de que ele representasse uma encarnação da razão. Mas a encarnação da razão também foi vista por outros *philosophes*, como Diderot, na forma da vontade geral, ainda que essa noção tenha sido atribuída unicamente a Rousseau, que, de fato, foi seu teórico mais refinado. A discussão do significado, dos fundamentos e das consequências da vontade geral foi amplamente desenvolvida por Isaiah Berlin, em várias de suas obras,[15] nas quais ele chama a atenção para o processo pelo qual a razão particular (individual) transfere para a vontade coletiva a sua legitimidade, de forma que esta última tome o seu lugar e seja ela a instância produtora da racionalidade, da moralidade, da verdade, uma vez que teria sido legitimada pelo ato constitutivo da coletividade que é a vontade geral, materializada na forma dos parlamentos em muitos Estados. Também Leo Strauss investiga o conceito de vontade geral de Rousseau e faz a conexão desta com os regimes totalitários socialistas que emergiram no século XX.[16]

Quando se compara, a partir desses temas, os *philosophes* com os filósofos morais britânicos, as diferenças vão ficando evidentes, mas tornam-se ainda mais nítidas quando se levam em conta as relações com a população das classes mais baixas do estrato social. Os iluministas franceses tinham um evidente desprezo pelas pessoas comuns. A autora sugere que talvez eles se preocupassem tanto com a elevação da noção de razão e com ela gastassem tanta energia, que pouco lhes sobrava para a empatia e a preocupação com essas pessoas. Já os britânicos consideravam que o senso moral e o senso comum

---

[15] Particularmente no capítulo dedicado a Rousseau, em seu livro *Rousseau e os Outros Cinco Inimigos da Liberdade*. Trad. Tiago Araújo. Lisboa, Gradiva, 2005.

[16] Leo Strauss, *What is Political Philosophy and Others Studies*, op. cit., capítulo I.

estavam presentes em todas as pessoas, inclusive nas comuns, o que lhes fazia compartilhar de uma humanidade que era comum a todos. Os franceses, por seu lado, não consideravam que a razão estaria ao alcance de todos, muito menos à *canaille*, isto é, à ralé.

Os escritos de Diderot, de Voltaire e de d'Alembert frequentemente afirmam que a ralé jamais compreenderia as questões que eles propunham, porque, em síntese, "a ralé será sempre a ralé". Mesmo em Rousseau, que propõe a noção de compaixão, esta aparece apenas nos homens em seu estado natural, isto é, pré-racional e pré-sociedade. O seu equivalente na sociedade civil seria um conceito ambíguo e artificial, o *l'amour propre* [o amor próprio], uma espécie de sentimento de vaidade que teria corrompido a liberdade e a igualdade entre os homens. Toda moral, para Rousseau, seria apenas a construção de cada sociedade e não teria base em nenhuma espécie de instinto moral, como se pensava entre os britânicos.

A ausência do sentimento de compaixão como sentimento compartilhado por todos os homens e a classificação das camadas pobres da população como "ralé" são acompanhadas por uma atitude equivalente quanto à educação. Os debates e as publicações a respeito do tema da educação da população tendiam a afirmar a inutilidade dessa iniciativa e mesmo que seria impróprio oferecer-lhe a educação. Até mesmo Rousseau, destaca Himmelfarb, em seus escritos sobre educação, afirma que essas camadas da população nem sequer necessitariam de educação, uma vez que tudo o que precisariam aprender lhes seria suprido naturalmente em seu estado de simplicidade campestre. As iniciativas que existiam e que eram empreendidas pela Igreja, para educar os pobres, foram extintas a partir da Revolução Francesa, e nada foi colocado para substituí-las.

Finalmente, o produto mais acabado do Iluminismo francês, ainda que a este não possa ser atribuída toda a responsabilidade pelo que se sucedeu, foi a Revolução Francesa. À única exceção do marquês de Condorcet (1743-1794), que viu a Revolução, mas foi por ela lançado no cárcere, nenhum dos demais *philosophes* pôde presenciar o acontecimento. Mas a mensagem de Rousseau, por exemplo, podia ser encontrada em um Robespierre, que lançou mão da noção rousseauniana da "vontade geral" para legitimar todas as decisões e ações tomadas em nome do "bem comum". Himmelfarb destaca que a visão de Robespierre não era apenas instaurar um novo regime, mas promover uma verdadeira regeneração de todo o povo. Como sabemos, nas mãos de Robespierre essa regeneração da sociedade, em nome da vontade geral, tomou ao fim a forma daquilo mesmo que queria combater: o Terror. Esse momento terrível estaria inscrito no ideal da regeneração, não apenas do povo francês, mas tendo a razão como guia de regeneração de toda a Humanidade. Talvez seja pela proporção que essa confiança na razão tomou, que se pode compreender como a Revolução terminou por produzir o seu oposto, na figura do imperador Napoleão. Ambiguidades de uma história que não se entrega às mãos dos homens.

O ILUMINISMO AMERICANO

Se o Iluminismo britânico tem como característica marcante a valorização das virtudes sociais, e se o Iluminismo francês tem como sua marca distintiva a confiança nos poderes da razão, a terceira forma de Iluminismo que Himmelfarb aponta, o americano, é caracterizado por ter empreendido uma revolução política fundamentada na ideia de liberdade.

Himmelfarb chama a atenção para o fato de que a América estabeleceu uma nova ordem política, e não uma nova ordem social ou humana (p. 239).

Todo o esforço de discussão sobre a Constituição, levado a cabo na publicação em que apareciam os artigos, chamada *The Federalist*, mostrou que prevaleceu a confiança na fundação de uma nova ordem política que não confiava apenas na capacidade da razão – nem tinha como pressuposto uma nação de filósofos –, mas fazia um grande esforço racional e não desconsiderava as opiniões ou predisposições presentes no povo. Assim, a Constituição deveria consagrar uma forma política que equilibrasse a soberania com as liberdades individuais e, além disso, tivesse dispositivos que a tornassem capaz de lidar com as novas necessidades que poderiam surgir com o tempo.

A preocupação e o interesse dos fundadores com o tema das virtudes públicas (em consonância com a sociologia das virtudes, preponderante entre os britânicos) eram acompanhados de um pessimismo sobre a real força dessas virtudes públicas para sustentar uma boa sociedade. Sendo assim, pensaram em elaborar uma sociedade que fosse baseada em relações que materializassem esses valores, e essa sociedade seria, então, baseada em uma economia comercial e industrial que atuasse como motor e condição do progresso moral e material. Por essa mesma linha de raciocínio, não seria o caso de colocar a religião, tampouco a virtude, na Constituição, uma vez que estas não seriam objeto do governo, mas qualidades do próprio povo, enraizadas na natureza do homem. A difusão da virtude seria papel da educação.

Houve, entre os fundadores, uma clara posição a favor da religião, ainda que a separação entre Estado e Igreja tivesse sido consagrada na Constituição. Para estes, a religião e a moralidade seriam os fundamentos da virtude pública que caracteriza o povo americano, segundo os mesmos fundadores, e por isso a grande distinção com o modo de proceder da Revolução Francesa, que tentou extirpar a religião do seio de sua sociedade. George Washington teria manifestado a opinião de que a moral seria insustentável sem a religião. Himmelfarb cita uma frase de John Adams (1735-1826), que indica claramente essa diferença no entendimento do papel e do valor da religião para o estabelecimento de uma sociedade estável: "Eu não sei o que fazer com uma República de trinta milhões de ateus" (p. 263).

Graças a essa atitude favorável à presença da religião na sociedade americana, seu relacionamento com os princípios iluministas não foi conflituoso, como no caso francês. A atitude de diálogo entre religião e ciência aparecia, concretamente, na posição que certos teólogos ou clérigos importantes ocupavam nos cargos de direção de universidades e faculdades, participando da fundação de algumas destas, assim como na criação e direção da Associação Americana de Filosofia, bem como da Academia Americana de Artes e Ciências. O princípio do "*Écrasez l'infâme*", propalado por Voltaire, não estava presente, e a racionalidade que se desenvolveu não tinha restrições ao conhecimento científico, ainda que não tenha desenvolvido as características de um ceticismo extremado como se via na França.

No que se relaciona ao trato com as populações mais desfavorecidas, os americanos tiveram menos problemas que os ingleses, e mesmo, que os franceses. A pobreza extrema, segundo os relatos da época citados por Himmelfarb, não aparecia entre a população americana; os mais necessitados eram atendidos pelas paróquias a que pertenciam, ou mesmo pelos mais abastados. Talvez por essa razão não tenha surgido um movimento filantrópico tão exuberante quanto aquele da Inglaterra. O problema mais sério se deu em relação aos povos indígenas, que foram objeto de preocupação dos presidentes, que, se buscavam uma solução pacífica para o embate, o faziam muitas vezes pela perspectiva dos colonos, propondo que os indígenas, visando a mesma paz, vendessem suas terras ao governo e se integrassem ao modo de vida dos colonos. Já a questão dos escravos era muito mais complicada, pois não tinham a opção da assimilação. Os mesmos fundadores tinham posições dúbias e ambíguas sobre o tema, uma vez que vários deles tinham interesses econômicos apoiados no trabalho escravo. Os metodistas, e também os *quakers* [quacres], seriam os mais resolutamente decididos a favor do fim da escravidão.

O tema da escravidão era o que mais direta e frontalmente punha em questão o ideal de liberdade e de igualdade entre os homens, conforme consagrado na Constituição americana. A figura pública que levaria a cabo esses princípios estabelecidos pelos fundadores foi Abraham Lincoln, que, mesmo passando pelo terrível evento da Guerra Civil, foi capaz de manter a União e abolir definitivamente a escravatura.

Em seus comentários de conclusão sobre o Iluminismo americano, Himmelfarb chama a atenção sobre um trecho da Constituição, defendido por James Madison (1751-1836) no *The Federalist*, que propunha que o povo americano buscava formar "uma união mais perfeita". Tal proposta denotava um sentimento de modéstia que teria sido aprovado pelos filósofos morais britânicos, mas que os *philosophes* franceses, cuja aspiração era a de ser "legisladores filósofos", muito provavelmente não aceitariam.

TRÊS LEGADOS

Em sua avaliação sobre o legado do Iluminismo na atualidade, Himmelfarb considera que da sociologia das virtudes, na Inglaterra, encontram-se apenas vestígios históricos, algo que ficou na memória coletiva junto com a lembrança vaga da importância de um Adam Smith, que logo foi substituído na lembrança dos ingleses por um Malthus e sua pretensa teoria natural da população, bem como pelas teorias de David Ricardo. Todo esse *éthos* das virtudes foi substituído pelo pensamento coletivista em vigor na Inglaterra. A tentativa de Margaret Thatcher de reviver a ideia dos valores vitorianos, criticada por seus opositores sob o argumento de que valorizava demais a individualidade, teria tido melhor sorte, talvez, se Thatcher tivesse percebido a raiz da ideia de senso moral em Smith e nos filósofos morais, por meio dos quais teria vislumbrado que o senso moral seria a base daqueles valores, e que isso lhes conferiria um forte caráter social (p. 285).

Quanto ao Iluminismo francês, o que dele restou foi uma enorme quantidade de estudos acadêmicos, pois o que ele produziu dissolveu-se na Primeira República, logo desmontada por Napoleão, mas deixou o Terror na memória coletiva, que foi sua mais sangrenta produção.

Por sua vez, o Iluminismo americano, que se estabeleceu como uma política da liberdade, é agora talvez em termos práticos o perpetuador do Iluminismo britânico e de sua sociologia das virtudes, pois sua economia, mais do que qualquer outra, se apoia nos grandes princípios de Adam Smith; sua política é marcada pelo individualismo e permeada pela religião, dois aspectos criticados pelos europeus, e até pelos britânicos de hoje, mas não o seriam pelos britânicos do passado. O anticlericalismo francês, e mesmo o britânico contemporâneo, não é o comum nos Estados Unidos. E isto, segundo Himmelfarb, permite entender a razão de uma presença tão marcante da ideia de virtude no discurso político americano contemporâneo.

As três vertentes do Iluminismo – a sociologia das virtudes, a ideologia da razão e a política da liberdade –, que praticamente inauguraram a modernidade como a conhecemos, ainda que aparentemente estejam superadas, continuam sendo o fundo das discussões e da reflexão contemporâneas.

5. SELEÇÃO DE TRECHOS E COMENTÁRIO

Para uma apreciação mais direta da obra *Os Caminhos para a Modernidade*, selecionamos alguns trechos que consideramos representativos e os reproduzimos a seguir, oferecendo junto a eles alguns comentários que, esperamos, possam enriquecer a leitura da obra.

O ILUMINISMO EM SEU DEVIDO LUGAR

> Este livro é uma tentativa ambiciosa [...] de recuperar o Iluminismo – de seus críticos, que o caluniam, de seus defensores, que o aclamam acriticamente [...] e, sobretudo, dos franceses, que o dominaram e o usurparam. Ao recuperar o Iluminismo, proponho-me a restituí-lo, em grande parte, aos britânicos que ajudaram a criá-lo – mas que criaram, na verdade, um iluminismo muito diferente daquele criado pelos franceses. (Prólogo, p. 12)

Nesse parágrafo, que abre a proposta da autora para o livro, estão indicadas as principais vertentes dos estudos do Iluminismo, consagradas no mundo acadêmico ocidental. Ela constata que os franceses, de alguma maneira, não só conseguiram capturar o imaginário dos estudiosos, como fizeram do termo "Iluminismo" um francês de nascimento.

Pode-se verificar essa predominância do sentido francês do Iluminismo em descrições como esta:

Paris é considerada a capital do Iluminismo e as demais capitais europeias, e mesmo a América, são periféricas. Esse é o espírito da época, mas pode-se perceber que se estabeleceu como o padrão de pensamento em relação à origem e autoria do Iluminismo.[1]

O Iluminismo francês de tal forma se estabeleceu como o padrão, que a expressão que os *philosophes* cunharam para a época em que viviam na França, o século XVIII, chamando-o de o "século das luzes", passou a designar o período de nascimento do Iluminismo. E a produção literária mais famosa na época, segundo Salinas Fortes (1937-1987), a *Encyclopédie,* fez com que se estabelecesse academicamente que "iluministas e enciclopedistas são termos quase equivalentes".[2]

É exatamente essa imagem consagrada que a autora põe em questão e, com isso, traz ao palco da história outra concepção de Iluminismo, na qual os britânicos participam como criadores e não apenas como admiradores passivos e recipientes da tradição francesa.

Para esse objetivo, Himmelfarb propõe sua tese de que não houve apenas um Iluminismo, mas vários. O francês seria apenas um deles e nem mesmo o primeiro. Os britânicos teriam produzido sua própria forma de Iluminismo, muito distinta daquela dos franceses, e que, seguindo-se o fio da história, teria precedido o francês. Mas, além disso, Himmelfarb incluiu um terceiro tipo de Iluminismo, o americano, compondo dessa forma uma pluralidade de Iluminismos que tornariam cabal sua afirmação de que não são apenas derivações do Iluminismo francês, mas, na verdade, formas próprias que, se bebiam no caudal do espírito da época, de racionalidade, confiança na ciência e tendência democrática, cada um empreendeu um caminho próprio e de tal maneira distinto que, conforme quer mostrar a autora, deve ser considerado em sua particularidade e singularidade.

---

[1] L. R. Salinas Fortes, *O Iluminismo e os Reis Filósofos.* São Paulo, Brasiliense, 1985, p. 46.

[2] Ibidem, p. 47.

RAZÃO

Já no Prólogo do livro, Himmelfarb propõe uma distinção fundamental entre os dois tipos de Iluminismo, que são constituintes de seu pensamento em todo o livro, os quais lhe permitirão embasar a distinção e a importância do Iluminismo britânico. Essa distinção vai permear todo o capítulo sobre o Iluminismo francês e justificar a descrição adicional que o particulariza e que o designa como "Ideologia da Razão".

A ideia de razão é estabelecida como o alicerce do Iluminismo francês. Veja-se este trecho no Prólogo:

> Trazer o Iluminismo britânico ao palco da história – isto é, ao centro do palco –, é redefinir a própria ideia de Iluminismo. Na litania de traços associados ao Iluminismo – razão, direitos, natureza, liberdade, igualdade, tolerância, ciência, progresso –, "razão" invariavelmente encabeça a lista. (p. 17)

O destaque à razão como traço fundamental deriva justamente da apropriação francesa do Iluminismo, transferindo a este aquilo que caracteriza sua produção filosófica. Não se pode perder de vista que Descartes, ao estabelecer a dúvida metódica como o princípio fundamental de funcionamento da razão, não está, com isso, cedendo ao desafio que o ceticismo pirrônico estabeleceu desde a Antiguidade grega.

Descartes pretende estabelecer algo de firme e constante nas ciências que não dependa de opiniões, da experiência e, tampouco, da fé. O "Penso; logo, existo" ou, em latim, "*Cogito ergo sum*" de Descartes, sintetiza a sua solução para a questão do fundamento estável para a razão. A razão ganha, segundo Descartes, a confiabilidade e a estabilidade que os sentidos não podem oferecer. Sendo assim, o conhecimento estará estabelecido sobre a razão e não sobre a experiência. A razão ganha preeminência e autoridade na construção do conhecimento. Estabelecido esse primeiro princípio, todo o conhecimento será derivado dele. Estão aí as raízes do que vai se tornar a grande escola racionalista francesa.

Suas consequências serão visíveis na epistemologia, e também na filosofia moral, uma vez que a ética será pensada como não dependente de fatores, como o sentimento, a empatia ou qualquer outro fundamento não racional para os valores. O racionalismo, com suas formas *a priori* de pensamento, estabelecerá uma clara distinção com o empirismo, que será a marca do pensamento britânico. Os racionalistas compartilharão a visão de que temos um acesso racional e não empírico à verdade sobre o que o mundo é e, portanto, privilegiarão a razão sobre o conhecimento derivado dos sentidos. Essa postura teórica dos racionalistas terá grande impacto no pensamento político, como se poderá constatar na Revolução Francesa, na qual os ideais e as utopias tiveram precedência sobre a realidade concreta e histórica na formulação e implantação da República, com todas as consequências conhecidas.

Todos os demais traços indicados por Himmelfarb para os racionalistas são derivados da razão. A igualdade e a liberdade são fundamentadas na crítica racional a todas as formas de distinção e desigualdade estabelecidas pela tradição, pela religião, etc. A igualdade é um conceito de razão. A liberdade é o passo fundamental para que a racionalidade possa estabelecer-se, mas é uma liberdade que não depende de fundamento natural, pois, para os racionalistas, nada há de natural nas diferenças entre os homens – todas são construídas no andar da história, como defenderá Rousseau –, assim como a própria igualdade também será construída racionalmente.

Sendo assim, a igualdade se estabelecerá a partir do momento em que todos os homens possam usar livremente da sua razão, o que lhes permitirá estabelecer o tipo de sociedade que, agora, lhes pareça a melhor, independentemente do que a história tenha produzido até o momento. Por essa razão, pode-se entender porque a solução francesa para implementar a República não foi de reforma e melhoramento, mas por meio de uma revolução drástica e radical. Os direitos dos homens não estão estabelecidos na natureza, nem na religião, pois esta teria sido uma das formas que as sociedades teriam utilizado até aquele momento para justificar a desigualdade, o poder e a propriedade. A razão permitiria aos homens estabelecer, de comum acordo, ou, como diria Rousseau, na forma da "vontade geral", quais são seus direitos e deveres. A natureza, finalmente, teria sido colocada de fora de toda consideração no campo da filosofia moral e política. Rousseau teria fundamentado essa definitiva cisão entre natureza e sociedade.[3] Vê-se a clara oposição a um pensamento como o de Thomas Hobbes (1588-1679), que ainda encontrava na natureza, embora considerada como um ente mecânico, o fundamento racional para os direitos dos homens e para o papel do Estado. O direito natural fundamental, segundo Hobbes, seria o da busca pela própria sobrevivência, que seria posta como o elemento a ser protegido pelo Estado, e que justificaria a existência deste último. Em Rousseau, o estado natural do homem seria um estado pré-racional, um estado semi-humano. Segundo Rousseau, somente o homem livre, portanto, racional, seria capaz de estabelecer seus próprios direitos, pois estes seriam uma construção racional, fruto do pensamento racional dos membros daquela sociedade, agora fundada pelo ato livre de homens racionais e consolidada na vontade geral.

O Iluminismo francês, de maneira geral, e talvez se possa estender essa noção para todo o Iluminismo continental, tem na confiança no conceito de razão autônoma a sua principal característica. Uma razão que tanto liberaria da tradição quanto da tutela da teologia, que seria capaz de construir um novo tipo de conhecimento e de sociedade

---

[3] Veja-se o estudo sobre o impacto do pensamento político de Rousseau desenvolvido por Leo Strauss em Leo Strauss, *What is Political Philosophy and Others Studies*. Chicago, The University of Chicago Press Books, 1988.

pelo domínio científico da natureza, bem como pelo aperfeiçoamento dos homens pela educação.

VIRTUDES

No mesmo parágrafo em que discute a preeminência da noção de razão, como visto anteriormente, Himmelfarb lança outro conceito, o qual será fundamental na concepção do Iluminismo britânico: virtude. Segue o texto de Himmelfarb:

O que é conspicuamente ausente é "virtude". Mas foi "virtude", mais do que razão, que teve primazia no Iluminismo britânico; não a virtude pessoal, mas as "virtudes sociais" – compaixão, benevolência, simpatia –, que, assim como acreditavam os filósofos britânicos, natural, instintiva e habitualmente unem as pessoas. Eles não negavam a razão [...] mas deram à razão um papel secundário, instrumental [...]. Resgatar a proeminência do Iluminismo britânico é, portanto, voltar a atenção a um tema normalmente dissociado do Iluminismo, que é a ética social explícita, ou implícita, em cada um desses Iluminismos. (p. 17)

Há que se atentar para a ressalva que a autora faz em relação àquilo a que ela está se referindo como "virtude". Não se trata nem das virtudes clássicas, como aquelas descritas por Aristóteles, que são a prudência, a justiça, a temperança e a fortaleza, nem tampouco as virtudes teologais do cristianismo, a fé, a esperança e o amor. Himmelfarb se refere àquilo que os britânicos reconhecerão como as virtudes sociais, como a compaixão, a benevolência e a simpatia. Estas seriam virtudes que teriam surgido e se instalado de forma "natural, instintiva e habitual" (p. 17) e que, dessa forma, teriam estabelecido os laços sociais entre as pessoas.

A origem e a permanência dessas virtudes nas pessoas seriam objeto de muita discussão entre os filósofos morais ingleses. Mas, de forma geral, pode-se observar que a concepção que se estabeleceu foi de que essas virtudes sociais estariam ancoradas em um senso moral inerente ao ser humano. A ideia de senso moral vai aparecer, como mostrará Himmelfarb na parte I de seu livro, dedicada ao Iluminismo britânico, em vários autores do final do século XVI e princípios do século XVII, como é o caso do conde de Shaftesbury, ou de Francis Hutcheson, e se firmará como princípio fundador da moral mediante a obra de David Hume.

Hume estabelece que as noções de virtude e vício estão enraizadas na natureza e na experiência humanas. Para ele, a moral não é derivada da razão, mas dos sentimentos ou paixões. Em Hume, deve-se enfatizar a rejeição da razão como origem ou fonte das distinções morais. O discernimento moral não é explicado pela educação apenas, pois está enraizado na própria constituição da mente humana. Para Hume, da mesma forma que não adquirimos nossa certeza sobre a existência do mundo externo a partir da razão, tampouco obtemos nossas noções morais básicas, como certo e errado, bom e mau, a partir da razão.

Hume deixa explícito que, ao falar de virtude, está falando de moral, e que as virtudes naturais, em geral, tendem ao bem da sociedade. E ele mesmo indica essas virtudes sociais: docilidade, beneficência, caridade, generosidade, clemência, moderação e equidade; essas seriam as virtudes sociais consideradas como as mais importantes.[4]

Será essa noção de virtudes sociais e sua anterioridade em relação à razão que constituirão a base e a principal característica do Iluminismo britânico, conforme Himmelfarb vai destrinchar na parte I do livro.

---

[4] David Hume, *Tratado da Natureza Humana*, op. cit, p. 618.

RELIGIÃO

A filosofia moral britânica [...] foi muito mais reformista do que subversiva, respeitadora do passado e do presente [...]. E também não tinha nenhuma desavença com a religião em si mesma – com uma religião ignorante ou antissocial, certamente, mas não com a religião *per se*. [...] Essa foi a Inglaterra que Montesquieu encontrou no início do século XVIII. O povo inglês, disse ele, "sabe melhor do que qualquer outro povo sobre a Terra, como valorizar, ao mesmo tempo, essas três grandes vantagens – religião, comércio e liberdade". E foi essa a Inglaterra que Tocqueville redescobriu mais de um século depois: "Eu desfrutei, na Inglaterra, do que há muito tempo eu estive privado – uma união entre os mundos religioso e político, entre a virtude pública e a privada, entre o cristianismo e a liberdade". (p. 73)

Himmelfarb enfoca esse aspecto do Iluminismo britânico que se distingue muito claramente da experiência francesa. A autora faz lembrar que a França se relacionava com a religião de uma forma muito conflituosa, como se pode perceber na frase cunhada por Voltaire "*Écrasez l'infâme*" [Esmagai o infame], que representava o projeto iluminista francês de "desacreditar a religião, desestabilizar a Igreja ou criar uma religião civil em seu lugar" (p. 72).

Os filósofos morais ingleses, desde o conde de Shaftesbury, Hutcheson, Hume, Adam Smith, ou mesmo o historiador Edward Gibbon, adotavam atitudes que iam do distanciamento crítico ao ceticismo mais radical, mas não se vê neles a atitude beligerante, de negação violenta, de esforço de combate. A noção de senso moral não era atribuída à religião, mas não entrava, necessariamente, em conflito com ela, considerando-a, por vezes, uma aliada do senso moral, que reforçaria as virtudes sociais inatas. O ateísmo, comum entre os *philosophes*, não era a regra entre os filósofos morais ingleses, que evitavam ser caracterizados como ateus por força de suas obras publicadas. Se havia certo distanciamento da instituição religiosa, a religião natural, por sua vez, era um conceito muito presente em vários dos filósofos morais britânicos, como foi o caso do conde de Shaftesbury (p. 57). Nem mesmo em Isaac Newton ocorre esse distanciamento extremo da religião. Diz a autora: "O Deus de Newton não meramente colocou o universo em movimento: Ele era um agente vivo, ativo no mundo" (p. 57). Adam Smith, assim como Hutcheson, era considerado deísta por muitos de seus críticos (p. 62). No caso de Smith, este considerava que a razão e a religião tinham funções equivalentes, apesar de distintas. Se a razão especificava o que era certo e errado, fornecendo as regras para a condução da ação humana, a religião cuidava de reforçá-las com mandamentos e leis divinas, fortalecendo, assim, o senso natural de dever (p. 62-63). Aliás, para Smith, foi fundamental que a religião assim o fizesse, para que a moralidade não dependesse do lento desenvolvimento da filosofia.[5] Sendo assim, a religião antecipou a razão no campo da moral. Smith acreditava na utilidade moral e social da religião, e não apenas de uma religião, mas considerava de fundamental importância a presença da igreja principal e estabelecida, assim como das muitas seitas dissidentes, pois isso seria do interesse das várias camadas da sociedade, cada uma sendo atendida em suas necessidades morais por uma das denominações religiosas.

Esses são alguns dos exemplos e dos autores que Himmelfarb apresenta para demonstrar a presença do senso moral em todas as camadas sociais, e como este teria na religião um aliado natural. Essa atitude confere ao Iluminismo britânico um caráter igualitário que lhe é muito particular e um trato com a religião que era muito mais de cooperação do que de conflito e combate.

---

[5] Adam Smith, *Teoria dos Sentimentos Morais*, op. cit., p. 198.

EDMUND BURKE, UM ILUMINISTA?

Havia uma boa razão para o elogio do preconceito. Assim como a virtude e a sabedoria atuais existiam, para Burke, em um *continuum* [contínuo] com a virtude e a sabedoria ideais, o preconceito existia em um *continuum* com a razão. O preconceito continha um tipo de razão, uma "sabedoria latente", não o tipo de razão que satisfaria os radicais em seu próprio país ou os *philosophes* no exterior, mas uma razão que um filósofo moral reconheceria e respeitaria. (p. 116)

Um motivo que torna bastante importante o esforço de Himmelfarb para colocar o conceito de Iluminismo em novos termos é também a reconsideração da posição de Edmund Burke nesse contexto.

Autores como Isaiah Berlin, filósofo e historiador das ideias britânico citado pela autora, partindo da crítica de Burke à Revolução Francesa, colocaram-no numa posição de crítica frontal ao Iluminismo. O argumento de Himmelfarb de que o Iluminismo britânico precede e se distingue do Iluminismo francês permite rever essa classificação de Burke. Se o autor foi um grande crítico do tipo de Iluminismo que conduziu a França à Revolução, o mesmo não se pode dizer ao considerarmos as características da filosofia moral que fundamentou o Iluminismo britânico, que vão aparecer em Burke, o que o fariam não um crítico, mas um grande exemplar deste último.

Para avaliar o que significa a ideia de que "preconceitos" podem e devem ser valorizados na convivência social, basta comparar com o que seria a posição de um pensador cartesiano a respeito. Ora, Descartes escrevera suas obras principais na esperança de vencer toda forma de preconceitos, no sentido de ideias tomadas como pressupostos não submetidos a uma crítica racional. Em resumo, para Descartes, todo conhecimento deveria ser construído do zero, tendo passado pela investigação e pela elaboração racional. Nenhuma ideia, princípio, afirmação, conceito ou preceito poderia existir sem ter sido elaborado racionalmente, sob pena de ser refutado como crença ou dogma infundado.

A defesa de Burke do valor do preconceito está alinhada com a perspectiva adotada pelos grandes filósofos morais britânicos que Himmelfarb destaca em sua obra. Se tomarmos a obra *Teoria dos Sentimentos Morais* como exemplo, veremos que Adam Smith, o antecessor de Burke, inicia sua obra fazendo a defesa da ideia de simpatia, que seria um sentimento que todo ser humano partilharia e que seria um dado pré-racional, mas fundamental para entender como se formam os valores morais em uma sociedade, os quais derivam, assim, dos sentimentos partilhados por todos e que, depois, são percebidos e elaborados racionalmente, sendo estabelecidos como norma para reger as relações sociais.

Himmelfarb chama a atenção para o caráter provocativo dessa posição de Burke. Em sua apreciação sobre a revolução na França, uma posição como essa, de defesa do preconceito como fator de sobrevivência, que é apreciado e mantido pelos homens, não poderia ser mais oposta a um pensamento alinhado pela utopia de uma construção racional de uma nova sociedade, que não leva em conta, ou melhor, que se desfaz (ou, ao menos, pretende fazê-lo) de todo o passado e seus "pré-juízos", pouco ou nada racionais (uma racionalidade que se pretende independente do passado e dos sentimentos).

Como se pode ver na citação do texto de Burke feita por Himmelfarb, a autora mostra como o filósofo moral desconfia da capacidade racional humana acumulada ("*stock of reason*", diz Burke), considerando-a muito limitada. Sendo assim, adota uma posição de grande ceticismo em relação a essa capacidade da razão abstrata de normatizar as relações sociais, em estabelecer os princípios que devem sustentar um governo e o poder, os quais propõem instâncias superiores em uma sociedade das quais derivariam a moral e os princípios norteadores para a coletividade. Nisso fica patente a crítica de Burke a uma noção como aquela de *Do Contrato Social*, de Rousseau.

Sendo assim, Burke, como tantos outros pensadores morais britânicos, confiam antes na experiência acumulada pelos povos ao longo do tempo (*the general bank and capital of nations and of ages* [o banco geral e de capital das nações e das eras]) do que numa pretensa capacidade dessa razão abstrata de substituir o conhecimento acumulado e utilizado nas situações, especialmente as de "emergência", quando, pelo preconceito (como forma de apontar a essa experiência acumulada e incorporada aos hábitos), a ação segue um curso mais seguro e certo. Uma razão desconectada do aprendizado acumulado não tem barreiras nem limites. As implicações políticas desse tipo de racionalidade são extremamente perigosas. Experiência, conhecimento acumulado e testado pelo tempo, virtude, sabedoria: esses são os aspectos valorizados por Burke. Trata-se de uma linha de pensamento político que vai se revestir do ceticismo filosófico e constituir uma crítica muito contundente ao Iluminismo de corte racionalista que produziria uma metafísica política, cujo produto mais acabado terá sido a violência da Revolução Francesa. O pensamento de Burke está entre aqueles que lançam os fundamentos do conservadorismo político inglês, que significa, ao final, a recusa a toda forma de apriorismo em política, numa claríssima distinção ao Iluminismo racionalista francês.

ILUMINISMO E RELIGIÃO

O Metodismo também compartilhou o *éthos* social do Iluminismo britânico. Se houve, como tem sido dito, uma "racionalização" da religião pelos deístas, houve também uma "socialização" da religião pelos wesleyanos. (p. 156).

"O cristianismo é essencialmente uma religião social", declarava Wesley. (p. 157)

Em ambas as citações, Himmelfarb deixa patente sua proposta de estabelecer mais uma das particularidades do Iluminismo britânico, isto é, o fato de que a religião não apenas não constitui oposição ao Iluminismo, mas, sobretudo no caso do Metodismo, se apresenta como uma aliada com claras afinidades com o Iluminismo britânico.

Dentre as várias perspectivas que Himmelfarb adota para comprovar seu argumento, uma se destaca em particular pelo fato de aproximar a religião, ou mais precisamente o Metodismo de John Wesley, das teses do Iluminismo, qual seja, a de que o conhecimento deveria ser universalmente disponibilizado, uma vez que todo ser humano, de posse de sua livre razão, poderia obtê-lo. O que Himmelfarb procura mostrar é que, enquanto o Iluminismo continental afirma que a razão é livre e universal, mas na realidade a considera acessível apenas aos instruídos (como se pode constatar na relação dos iluministas franceses com as classes mais baixas na pirâmide social – que designavam como a *canaille*, isto é, a ralé, das quais diziam nada entender do que acontecia na França), por seu lado, o Iluminismo britânico, com o esforço dos metodistas para produzir inúmeras publicações, levava conhecimento de diversas áreas à população trabalhadora e mais pobre, instruindo-a em ciências, literatura, teatro, filosofia, teologia, entre tantas outras áreas.

Himmelfarb mostra como esse imenso conjunto de publicações foi recebido com crítica e desdém por muitos dos que não viam com bons olhos o movimento metodista, considerando-o pouco afeito ao conhecimento e mais caracterizado pelo entusiasmo religioso. Himmelfarb, entretanto, levanta os vários tipos de publicação, muitos deles produzidos pelo próprio John Wesley, que materializavam o entendimento dele de que "sua missão não era apenas a salvação espiritual dos pobres, mas também (o que para ele era a mesma coisa) sua edificação intelectual e moral" (p. 164). Essa emancipação intelectual e moral, apoiada em uma individualidade fundada na relação direta do indivíduo com Deus, produzia uma ética que encorajava virtudes, como a parcimônia, a diligência, a temperança, a honestidade e o trabalho, que propunha uma igualdade entre homens e mulheres, sendo, dessa forma, uma mensagem que ultrapassava tanto as limitações de classe quanto as religiosas. Teve grande apelo para as classes média e alta e foi um poderoso motor da mobilidade de classes. Não por acaso Himmelfarb cita o historiador Bernard Semmel, o qual afirma que o Metodismo foi o equivalente britânico da "revolução democrática" que se teria atribuído à França, talvez com a diferença, deduzível do texto de Himmelfarb, de que a França prometeu, mas na época do Iluminismo quem entregou foi a Inglaterra.

O movimento filantrópico

> Ele (o movimento filantrópico) refletia a ética social dominante, que era um composto de religiosidade e secularismo, público e privado, comunal e individual, humanitário e romântico. Se o evangelicalismo desempenhou um amplo papel nessa ética, assim também o fez a filosofia moral, que deu a ela sua argumentação (base) filosófica. E os dois, embora diferentes em suas inspirações e disposições, trabalharam juntos pelo que eles viam como uma causa comum: a "reforma moral" e material do povo. (p. 187)

Nesse trecho, pode-se ver a síntese que Himmelfarb propõe para o Iluminismo britânico, que se constituiria, por um lado, de sua fundamentação filosófica embasada na filosofia moral que caracterizava o pensamento britânico do século XVIII e, por outro, da presença maciça do *éthos* social promovido primeiramente pelo Metodismo e, na sequência, por seu herdeiro, o evangelicalismo. Ambos são marcados pela noção dos sentimentos morais, como a simpatia, a fraternidade, a benevolência, que estariam na base das relações sociais e que antecederiam a sua elaboração na forma de normas racionais de conduta.

A filantropia britânica seria a inspiradora da sua equivalente americana e uma das marcas características de sua forma própria de

Iluminismo. E a dupla composição indicada por Himmelfarb quer apontar para um Iluminismo que é tão eminentemente filosófico quanto qualquer um de seus equivalentes, continentais ou transatlântico, mas que tem como seu complemento esse *éthos* social que somente poderia desenvolver-se por causa da relação não belicosa que a Inglaterra mantinha com a religiosidade própria, responsável por profundas transformações sociais, que se estenderam por todo o século XIX, e mesmo no princípio do século XX.[6]

RAZÃO E IDEOLOGIA

> Os *philosophes*, vivendo em um país que não era autocrático, nem livre, que era errático em seu exercício de censura e prossecução, que nunca experimentou um tipo de reforma, seja na Igreja ou no Estado, que pudesse encorajar outra geração de reformadores, dificilmente podia aspirar a influenciar a política como suas contrapartes na Grã-Bretanha ou na América. O que eles podiam aspirar era a um pensamento ousado e imaginativo, livre de considerações práticas acerca de como tais ideias poderiam ser traduzidas para a realidade. Eles estavam, de fato, totalmente à vontade para teorizar e generalizar, pois estavam menos à vontade para consultar ou aconselhar. (p. 192)

Esse comentário de Himmelfarb ao início do capítulo que estuda as características do Iluminismo francês indica o espírito geral da apreciação que ela vai conduzir no restante dessa parte de seu livro.

A indicação de que os *philosophes* estavam "livres de considerações práticas" é uma forma de distingui-los dos filósofos morais britânicos,

---

[6] Essas grandes transformações na Inglaterra são o objeto de estudo de Himmelfarb em seu livro *The De-moralization of Society*.

muitos dos quais estavam diretamente envolvidos com o governo ou com negócios, o que os aproximaria das necessidades de decisões concretas, práticas. Já os *philosophes* se compunham, em geral, apesar de não na totalidade, de membros da classe burguesa rica, que tinha interesse na mudança dos padrões políticos de seu país, mas que não tinham o mesmo tipo de envolvimento com o governo, que era posse da nobreza francesa. Mas, além disso, o que está em jogo é, se podemos dizer assim, a mentalidade filosófica da intelectualidade francesa, impregnada daquele racionalismo de que já tratamos, que aparece na referência que Himmelfarb faz ao falar da sua liberdade em "teorizar e generalizar". No desenvolvimento do capítulo todo, Himmelfarb aborda os conceitos vigentes entre os franceses de liberdade, religião, despotismo esclarecido, vontade geral. Em todos se pode notar a especial posição da razão.

A liberdade se expressa somente por intermédio da razão e lhe será dependente. Liberdade sem razão, desde Rousseau, é sinônimo de uma semi-humanidade. Não havia entre os *philosophes* o esforço de pensar sistemas políticos que protegessem a liberdade. A função da razão de propor princípios universais era mais importante. Não foi para menos que Montesquieu foi tão mal recebido pelos *philosophes*. E por essa mesma perspectiva se pode compreender a predileção dos *philosophes* pelos déspotas esclarecidos, ou pela noção da "vontade geral", tão cara a Rousseau.

A razão seria anterior e superior à religião, que lhe seria inferior, sua inimiga e seu oposto. O lugar da razão era aquele que a religião estava ocupando e, por isso, deveria dali ser retirada, ainda que pela força. Mesmo que alguns *philosophes* admitissem uma função social de freio moral para as massas da ralé, eles não o faziam sem certa ambiguidade e má vontade.

Por fim, a relação dos *philosophes* com a população em geral, isto é, com os homens comuns, era marcada pela indiferença, quando não, pelo desprezo, como se fazia notar pela expressão "*canaille*", pela qual os *philosophes* se referiam àqueles.

Ainda que não se possa atribuir aos *philosophes* total responsabilidade pela Revolução Francesa, esta não teria ocorrido sem a inspiração de Rousseau, admitida por Robespierre, e sem aquela pretensão racional de uma regeneração de toda a raça humana. A "compaixão" articulada por Rousseau teve como herdeiro o Terror levado a cabo por Robespierre.

O ILUMINISMO AMERICANO

A "política da liberdade", espírito animador dos Fundadores, era, em certo sentido, um corolário da "sociologia da virtude". Foi só porque a virtude – o desejo e a capacidade de colocar o interesse público sobre o privado – era insuficiente para manter a liberdade que a política tinha de desempenhar essa função. (p. 248)

Nesse trecho, Himmelfarb faz, primeiramente, a conexão do movimento intelectual e político que levou à independência dos Estados Unidos com sua herança do pensamento britânico, representada pela definição de Himmelfarb como a "sociologia da virtude". Segundo a autora, aquilo que foi característico do pensamento americano da época tinha como pressupostos as ideias de religiosidade e virtude, e ambas associadas de tal forma que comporiam o pano de fundo de todo o pensamento político.

O desafio que os Fundadores enfrentaram foi o de suprir as deficiências que eles encontravam na sociedade americana, tanto no campo da racionalidade, quanto no campo das virtudes, que fariam com que estas fossem consideradas por eles como necessárias, porém não suficientes para sustentar a liberdade política que eles almejavam.

Os Fundadores assumiam que as virtudes sociais estavam presentes no povo americano, ainda que isso não significasse uma visão ingênua ou utópica da realidade, mas que lhes impulsionava na direção de elaborar uma Constituição para o novo país que pudesse abster-se de tratar ou de consagrar esses elementos. E isso lhes era possível, pois podiam supor que as virtudes morais, ou melhor, que o senso moral, a noção do certo e do errado, era inato às pessoas, e a ele se somava o reforço que a religião proporcionava, sendo esta última pensada como o elemento de sustentação da moral. A Constituição poderia abster-se de tratar da virtude e da religião e, ao mesmo tempo, consagrar os princípios que sustentariam a liberdade de que os cidadãos deveriam gozar para que pudessem prosseguir na prática dessas virtudes e na busca de seu bem-estar.

A ênfase na preservação da liberdade e a precaução para que o Estado não se pusesse em oposição a ela e não a usurpasse indica a razão por que o sistema de separação dos poderes proposto pelo francês Montesquieu foi tão importante no pensamento dos Fundadores, e lhes serviu como marco filosófico para a elaboração da estrutura constitucional americana.

Diz ainda Himmelfarb:

> Os Fundadores não estavam dispostos a confiar no sistema moral, quanto mais na razão, para criar as instituições políticas de seu novo governo republicano. Mas eles conferiam à virtude – tanto a individual como a social – uma parte crucial na formação dos *moeurs* [costumes] do povo, como base de uma sólida política. (p. 253)

Os Fundadores entendiam que deveriam assumir a presença dessas virtudes nos cidadãos, pois a fundação de uma república e sua preservação dependeria delas. Entenderam os Fundadores, porém, que nem a virtude nem a religião deveriam constar na Constituição, que as pressupunha – se fossem transformadas em objetos de ação do governo, o resultado mais provável seria o enfraquecimento dos impulsos naturais que as originaram.

Se, seguindo-se a menção que Himmelfarb faz a Tocqueville (p. 256), os *philosophes* acreditavam que a religião seria paulatinamente extinta à medida que a liberdade e o esclarecimento aumentassem, os americanos teriam refutado essa teoria ao aproximar a religiosidade da liberdade. Himmelfarb destaca que Tocqueville reconheceria que "o país onde o cristianismo era mais influente era também o 'mais ilustrado e livre'" (p. 257).

***

Essa seleção de trechos procurou apenas indicar alguns momentos importantes do texto de Himmelfarb em *Os Caminhos para a Modernidade*, no qual a autora mostra que, de certa maneira, a promessa de esclarecimento do Iluminismo francês teria sido levada a cabo, na verdade, pelo Iluminismo britânico, dada a sua "sociologia da virtude", e que a promessa da liberdade democrática para os indivíduos teria sido, por sua vez, materializada e realizada pelo Iluminismo americano, mais do que pelo francês.

É claro que essa é uma tese que suscita muito debate, mas que, ao mesmo tempo, tendo sido cuidadosamente apoiada em farto material pesquisado pela autora, coloca uma perspectiva histórica para a concepção do Iluminismo, que estabelece um novo padrão para a análise e compreensão desse fenômeno cultural que não pode simplesmente ser desconsiderado, sob pena de abdicar-se de uma compreensão muito mais ampla e muito mais precisa desse que é um dos momentos fundadores da cultura ocidental.

6. SUGESTÕES DE LEITURA

Para os leitores que quiserem aprofundar seus conhecimentos dos temas abordados pela autora de *Os Caminhos para a Modernidade*, apresentamos a seguir algumas sugestões de leitura, seja de autores abordados por Himmelfarb, seja de obras que contextualizam a produção da historiadora. A lista indicará o nome do autor, o nome da obra, a editora, o país e a data de publicação.

ADORNO, Theodor W. & HORKHEIMER, Max. *Dialética do Esclarecimento: Fragmentos Filosóficos*. Trad. Guido de Almeida. Rio de Janeiro: J. Zahar, 1985.
BERLIN, Isaiah. *Estudos Sobre a Humanidade*. Trad. Alda Szlak. São Paulo: Companhia das Letras, 2002.
BERLIN, Isaiah. *Rousseau e Outros Cinco Inimigos da Liberdade*. Trad. Tiago Araújo. Lisboa: Gradiva, 2005.
BURKE, Edmund. *Reflexões Sobre a Revolução na França*. Trad. Eduardo Francisco Alves. Rio de Janeiro: Topbooks, 2012.
CASSIRER, Ernst. *A Filosofia do Iluminismo*. Trad. Álvaro Cabral. Campinas: Unicamp, 1992.
COUTINHO, João Pereira. *As Ideias Conservadoras. Explicadas a Revolucionários e Reacionários*. São Paulo: Três Estrelas, 2014.
DALRYMPLE, Theodore. *Em Defesa do Preconceito*. Trad. Maurício Righi. São Paulo: É Realizações, 2015.
FRIEDMAN, Murray. *The Neoconservative Revolution. Jewish Intellectuals and the Shaping of Public Policy*. Cambridge: Cambrige University Press, 2006.

FUKUYAMA, Francis. *America at the Crossroads: Democracy, Power and the Neoconservative Legacy*. Yale: Yale University Press, 2007.

HAMILTON, Alexander; MADISON, James; JAY, John. *The Federalist Papers*. Oxford: Oxford University Press, 2008.

HUME, David. *Investigações Sobre o Entendimento Humano e Sobre os Princípios da Moral*. Trad. José Oscar de Almeida Marques. São Paulo: Unesp, 2004.

HUME, David. *Tratado da Natureza Humana*. Trad. Deborah Danowski. São Paulo: Unesp, 2009.

KIRK, Russel. *The Conservative Mind: From Burke to Eliot*. Washington, D.C.: Regnery, 2001.

KIRK, Russel. *A Era de T. S. Eliot. A Imaginação Moral do Século XX*. Trad. Márcia Xavier de Brito. São Paulo: É Realizações, 2011.

KRISTOL, Irving. *Neo-conservatism: The Autobiography of an Idea*. New York: Free Press, 1995.

KRISTOL, Irving. *The Neoconservative Persuasion: Selected Essays, 1942-2009*. New York: Basic Books, 2013.

MILL, John Stuart. *Sobre a Liberdade*. Trad. Pedro Madeira. Lisboa: Edições 70, 2006.

MONTESQUIEU. *O Espírito das Leis*. Trad. Pedro Vieira Mota. São Paulo: Saraiva, 2008.

OAKESHOTT, Michael. *Rationalism in Politics and Other Essays*. Indianapolis: Liberty Fund, 1991.

SALINAS FORTES, Luiz R. *O Iluminismo e os Reis Filósofos*. São Paulo: Brasiliense, 1993.

SCRUTON, Roger. *Pensadores da Nova Esquerda*. Trad. Felipe Pimentel. São Paulo: É Realizações, 2014.

SCRUTON, Roger. *O que é Conservadorismo*. Trad. Guilherme Ferreira Araújo. São Paulo: É Realizações, 2015.

SMITH, Adam. *A Riqueza das Nações: Investigações Sobre a sua Natureza e suas Causas*. Trad. João Luis Baraúna. São Paulo: Abril Cultural, 1996.

SMITH, Adam. *Teoria dos Sentimentos Morais*. Trad. Lya Luft. São Paulo: Martins Fontes, 1999.

STRAUSS, Leo. *An Introduction to Political Philosophy: Ten Essays*. Detroit: Wayne State University Press, 1989.

STRAUSS, Leo. *Spinoza's Critique of Religion*. Chicago: The University of Chicago Press, 1997.

STRAUSS, Leo e Cropsey, Joseph. *História da Filosofia Política*. São Paulo: Forense, 2013.

TOCQUEVILLE, Alexis de. *O Antigo Regime e a Revolução*. Trad. Yvonne Jean. Brasília: Editora Unb, 1997.

TOCQUEVILLE, Alexis de. *A Democracia na América*. Trad. Eduardo Brandão. São Paulo: Martins Fontes, 2005.

TRILLING, Lionel. *Sinceridade e Autenticidade: A Vida em Sociedade e a Afirmação do Eu*. Trad. Hugo Langone. São Paulo: É Realizações, 2014.

TRILLING, Lionel. *A Imaginação Liberal*. Trad. Cecília Prada. São Paulo: É Realizações, 2015.

TRILLING, Lionel. *A Mente no Mundo Moderno*. Trad. Hugo Langone. São Paulo: É Realizações, 2015.

CONHEÇA OUTROS TÍTULOS DA BIBLIOTECA CRÍTICA SOCIAL:

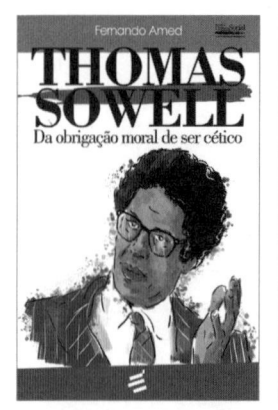

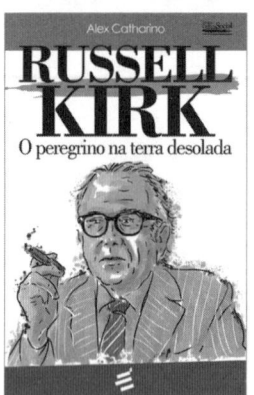

Fernando Arned
THOMAS SOWELL
Da obrigação moral de ser cético

Maurício G. Righi
THEODORE DALRYMPLE
A ruína mental dos novos bárbaros

Alex Catharino
RUSSELL KIRK
O peregrino na terra desolada

Talyta Carvalho
LEO STRAUSS
Uma introdução à sua filosofia política

Com coordenação de Luiz Felipe Pondé, a Biblioteca Crítica Social tem o propósito de disponibilizar ao público brasileiro obras introdutórias ao pensamento de importantes intelectuais do século XX. Além de um breve perfil biográfico, cada volume apresenta um panorama da obra do autor comentado e um estudo detalhado de um livro em particular. Ao final, cada volume traz, também, uma série de sugestões de leitura, que permitem o aprofundamento dos estudos. Esperamos que esta coleção ajude a fortalecer a pluralidade da discussão acadêmica no Brasil.

facebook.com/erealizacoeseditora
twitter.com/erealizacoes
instagram.com/erealizacoes
youtube.com/editorae
issuu.com/editora_e
erealizacoes.com.br
atendimento@erealizacoes.com.br